跑在大腳丫
的那些日子

吳萬寶 著

天空數位圖書出版

目　錄

楊總序

　　台灣大腳丫長跑協會是目前台灣最大的路跑團體，會員遍佈全台，且於內政部立案登記為人民團體。每個月一次的幹部會議和三個月一次的理監事會議，是本會日常運作及會務推動的核心。目前大腳丫會員人數已超過千人。會員依照所屬縣市，編入各地方分組（目前共有 41 組）。新會員欲入會必須有會員推薦，且經過嚴格審核後，方可入會。本會鼓勵會員踴躍參加各項路跑比賽，以期精益求精，開發自我潛能；並發揮熱心服務，推動社會公益。為此，訂有志工服務獎勵辦法，於每年 3 月舉行會員大會時頒獎。

　　吳萬寶教授於 2005 年 6 月正式加入本會，2009年至 2022 年間擔任本會理事，現職為淡江大學德文系教授兼外語學院院長。吳教授於 2005 年 12 月 ING馬拉松賽完成他的人生初馬，迄今已跑過百場以上的馬拉松。這本書詳細敘述他與大腳丫的結緣，和一般人一樣沒怎麼運動、體重直線上升或因身體因素等，如何踏入跑步界。同時在大腳丫開啟了他的跑步人生，在大腳丫裡享受他的跑步日子。我想，跑者中很多人都已經完成一場又一場的馬拉松，卻鮮少人會去紀錄跑步時的點滴心情。吳教授跑遍台灣各地及國外的馬

拉松，書裡的內容反映出他從早期到現今，參加每場馬拉松的感想及點點滴滴。這些都是一步一腳印的真實過程。吳教授筆下的那些馬拉松，相信也是眾多愛馬跑者參加過的場次。本書值得推薦給大家，應該可以喚起你心中沉澱已久的記憶。

　　跑步不需要固定場地，跑步不僅能增強心肺功能，更是減肥良方。任何人只要有決心，都能享受跑步帶來的好處和樂趣。馬拉松對跑步而言，是最高的挑戰。相信這本書出版後，會讓更多人認識跑步並不是只為「競速」而跑，也可以藉由跑步認識各地的風土民情。跟吳教授一樣為「健康」而跑，好好享受自己的跑步人生。

台灣大腳丫長跑協會總幹事
楊基旺
2024.01

序

　　這本書紀錄我在大腳丫跑步的那些日子。之所以會有紀錄，最初的原因是團訓後，會長或楊基旺總幹事總會找人寫份心得感想。我看起來很像很會寫文章的樣子，所以這份工作偶爾就落在我的手上。

　　其次，大腳丫的網站有個心情故事，凡我愛好跑步的老中少文青皆可投稿，抒發自己的賽後感想。記得早期是由黃政達兄負責收稿上傳，累計迄今約有220篇以上。只是不知後來為何不再刊登跑者的文章，或許馬場上的攝影和拍照更能真實抓住跑步的每一刻。

　　最後，每回跑完一場馬拉松，總想趁記憶尚新鮮之際，趕緊用文字記下雀躍的起跑線、舒服的前半程、疲憊的後半程、發誓不再跑馬拉松的那一刻、落馬的沮喪，以及終點線後的欣喜。

　　收入本書的文章大部分皆可在大腳丫網站的心情故事裡找到。最後兩篇，一篇是參加淡江大學村上春樹研究中心與日本北海道大學共同主辦的研討會，發表的一篇有關村上先生與馬拉松的文章，另一篇是今年（2023）7月到德國參加馬拉松的感想。

　　整理本書的文章時，腦海裡浮出許多人的身影，有些人已經不在了，有些人好久沒再見過了，還有一些人直到現在仍活躍在馬場上。加入大腳丫迄今已有一十八載，完賽的馬拉松也超過一百場。回想以前跟著大腳丫半夜搭車南征北討、出國比賽，同行的夥伴即便有著不同的職業，不同的人生際遇，大夥卻只有一個共同的目標：跑一場馬拉松。阿甲（謝培甲）常說「我的人生不是只有跑步，跑步豐富我的人生」，這句話可以改成：「我的人生不是只有大腳丫，大腳丫卻豐富了我的人生」。

※本書封面照片取自大腳丫官網，感謝楊總大方應允。第28頁和第72頁的兩張照片，蒙阿華田兄（涂國華）同意使用，在此感謝。

與大腳丫結緣

　　至今想來，加入大腳丫純粹是一場幸運的偶遇。

　　四十歲以前，跑步從來就不是我的菜，頂多在服役時跑過五千公尺。那時早上練習時，值星官帶隊出去，通常都是三三兩兩回來，有無跑到五千，只有自個兒心裡有數。每每要等到五千測驗的日子剩下屈指可數時，連上軍官才比較嚴格一些。

　　當時的規定是，只要全連人數的七成在二十二分鐘之內跑完五千公尺，就算及格。我們經補連（經理補給連）約百人，扣掉執行勤務和駐外點的人數，還有約七十人。彼時的營區位於鳳山衛武營，五千測驗時，既要成隊形，又要保持齊一的速度。一開始還可以維持隊形，漸漸的有人開始落隊。等跑到剩營區最後一圈時，隊伍已經散掉了。連長約略計算人數後，便要跑快的弟兄抓著跑慢弟兄的 S 腰帶跑，等於是把人拖著跑。我好像是最後通過終點線的那一人，時間落在 21 分 57 秒，驚險過關。

　　再來是軍官的五千公尺測驗，測驗地點在台南經理補給庫。那次的五千公尺，我（預備軍官）壓根兒沒及格，原因是少跑一圈。經補庫的營區不大，五千公尺要繞好多圈，繞來繞去，就是少繞一圈。本來規定是要補測的，後來這事不了了之，也沒有長官再提起。

　　退伍後去了德國。德國算是一個對跑步相當友善的地方，河邊步道、湖邊、森林，或者田野小徑，想怎麼跑就怎麼跑。可惜當時的我不知道要多加利用，除了偶爾去游泳池游泳，就是在森林裡小跑一下。說是跑步，也不過就四、五公里，享受一下芬多精而已。在森林裡，偶爾遇見德國的跑步團體，個個人高馬大，腿力強健，跑起來就像一陣風從旁吹過。

　　回到台灣任教，沒怎麼運動，體重直逼八十大關。那時想想該來運動了，於是利用假日到南屯黎明國中操場慢跑，一圈二百公尺，每次至多二十圈就已氣喘吁吁。二十圈之後，慢慢可以跑到三十五圈，三十五圈好像已經是我的極限了，一直都突破不了。某一天下定決心要在三個月內跑到五十圈。三十五圈過後，每多跑一圈，簡直是「痛不欲生」。最後在咬緊牙關之下，終於在預定期限內跑完五十圈。跑完，立馬躺在跑道上，喘了很久。

　　2005 年春天的某一個星期日，像往常一樣來到黎明國中晨跑。跑完後，一位也在操場跑步的大哥過來對我說，我的跑姿不錯，問我有無加入跑步社團。我說沒有，並問他住哪。他說他從北部下來探望他的女兒，星期天到國中操場跑一下。這位大哥跟我說，台中有個大腳丫，要我上網去看看，隨後從他的後車廂

拿了一堆有關跑步該穿些甚麼和吃些甚麼的資料送我。當時竟然忘了問那位大哥的尊姓大名，至今心中難免留下一絲遺憾。就是那位大哥引我進入大腳丫，開啟我的跑步人生。他是我的跑步貴人。

一日在報上看見味丹公司將在台中都會公園舉行多喝水杯路跑賽，我想我已經可以跑五十圈，這證明我可以跑十公里，於是報名參加十公里組的路跑賽。那次的路跑賽可以說是我人生中的第一次路跑賽。跑完回到終點閒逛時，一直聽廣播喇叭傳來大腳丫，大腳丫的名字，原來是二十一公里組的前幾名已經回來。自己覺得很好奇，怎麼都是大腳丫，便到大腳丫帳篷瞧瞧。只見一群穿著綠白相間背心的跑者，在帳棚內嘻嘻哈哈聊天。或許是陌生的關係，我只遠觀，沒有進帳篷去打招呼。這是我第一次見到大腳丫的跑者。

2005 年 6 月，也就是操場偶遇大哥的兩三個月後，我才上網去大腳丫的網站瞧瞧。第一次瞧不出甚麼名堂，也不太想填報名表。幾日後，再上網頁去，這次下定決心把報名表填妥寄送出去。那時想，等對方來聯絡吧，如果沒有回音，就算了。結果，楊總（楊基旺總幹事）很快回復，歡迎我加入，並邀請我參加星期天在東海大學的團訓。

　　抱著一顆忐忑的心，我去了東海大學操場，見到楊總和一群大腳丫的夥伴。楊總打量我一番，說上衣要換，褲子要換，鞋子也換一換吧。我沒想到跑步的裝備還要那麼講究，不是都說換雙鞋（皮鞋換運動鞋），隨時隨地就可以開跑了嗎？

　　東海大學團訓，原則上是操場繞一圈後，往社會科學院的方向跑去。再沿校園牆邊，一路下坡到牧場，繞過推廣部，再往上到社科院。跑多少圈，任君選擇。

　　我跟著隊伍跑出操場，過了約農路，只見一路上坡。天啊，怎麼會有那種坡，自己跑得上氣不接下氣，卻見大腳丫夥伴各個氣定神閒，輕鬆上坡。跑了一圈回到操場休息，雙腿不停地發抖。大部分隊友跑了兩圈、三圈，陸續回到操場。跟著大夥做做操，享受楊總準備的早餐，閒聊兩句，各自打道回府。這是我第一次參加大腳丫的團訓，從此進入大腳丫，成為大腳丫的一份子，直到現在此刻。

　　高中時，偶爾看見國外馬拉松的新聞，常想四十二點一九五公里，那是多麼遙遠的距離啊！2004 年夏天，也就是開始跑步的前一年，在一次旅遊的遊覽車上，和喜愛游泳的同事聊運動時，曾說：「這輩子只要跑一次馬拉松，吾願足已。」

小說《藍與黑》開頭一句話說：「一個人，一生只戀愛一次，是幸福的。不幸，我剛剛比一次多了一次。」迄今已跑過百場以上的馬拉松的我想說：「一個人，一生只跑一次馬拉松，是幸福的。更幸福的是，我剛剛比上一次又多一次。」

跑過這麼多場的馬拉松，我都穿著大腳丫的跑衣，從相當粗糙的綠白相間背心，到現在愛迪達的黃背心，背後印有三個大大的大腳丫字樣和腳的五個指頭。從台灣到日本、德國，我都穿著大腳丫背心。大腳丫開啟了我的跑步人生，我在大腳丫裡肆意地享受我的跑步人生。

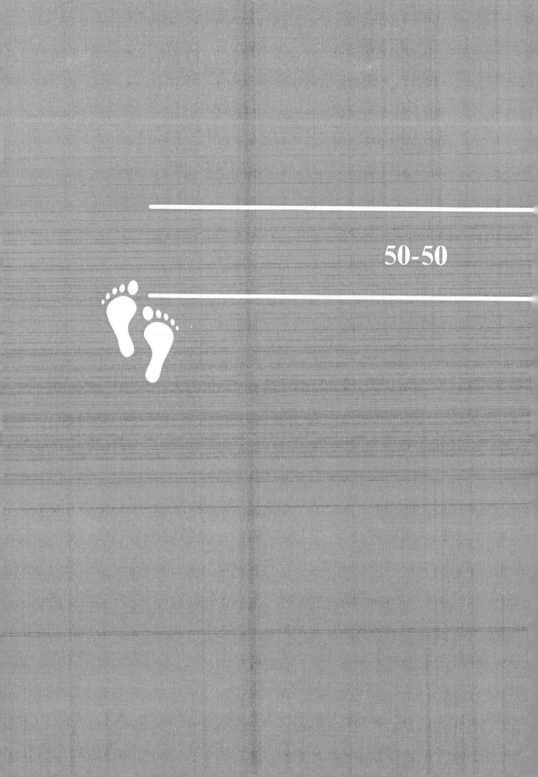

50-50

「你下的這個標題，讓我來猜一下」，電話那頭傳來你的聲音。

「好啊」，我說。

「依照你近年來假日老往外跑，注意ㄡ，是『跑』，而不是『爬』來看，應該不是和百岳有關，而是馬拉松的數字，對吧！」你笑著說。

「對，百岳早就成為微風往事，更何況登山鞋積塵甚深，登山背包封裝多年。50-50 的確和百岳無關」，我回答。

「那麼，50-50 應該是馬拉松的業績，而不是成績，你不是快腿一族。也就是你已經跑了 50 場馬拉松，離百馬還剩 50 場，對吧」，你帶著猜中的愉悅聲音說著。

「沒錯，也不對」，我說。

「怎麼不對？」你疑惑著。

「我跑了 51 場馬拉松，不是 50 場。50 是跑過終點線的完成數目，另一場沒跑完，跑到 38 公里就說服自己放棄」，我解釋著。

「哪一場？」你問。

「2007 年的中寮山夏日超馬。超熱，太陽超大，再加上跑不完的上坡，邊跑邊埋怨，幹嘛虐待自己，跑來這裡曬太陽。於是負面情緒越來越濃，最後終於被它征服，躲進 38 公里處的涼亭，不跑了」，我說。

「就這樣？」你問。

「對啊，就這樣。另外還有一場，2009 年的丫南假日馬拉松，也是邊跑邊怨超大的太陽。繞了兩圈之後，索性將號碼布解下，準備往帳棚走，不跑了。就在要離開賽道時，碰到昇哥（張進昇）。昇哥說，已經跑了兩圈，好歹就把它跑完。心想，既然隊友都這麼說了，於是又把號碼布別回去，死拖活拖地拖完」，我說。

「成績呢？」你問。

「唉，別提了。雖然嘴巴常掛著跑健康等等，還是會偶爾在意成績。那場馬拉松拖了五小時又二十八分，破了個人最慢紀錄」，我說。

「五小時二十八分，嘿嘿，的確有點慢，還有沒有很糟的丫？」你不懷好意地問著。

「當然有！2009 年的國道 6 號星光馬拉松，原本的構想是帶著照相機，邊跑邊拍。沒想到，下午起跑時天氣超悶，又有點緩上坡，跑得吃力。邊跑邊拍的

結果是悽慘的。回程出了隧道，天色逐漸變暗。一下子之後，四周全暗了下來，伸手不見五指，只見天上繁星點點，真是場名實相符的星光馬拉松」，我說。

「那是你跑得超慢的結果，成績呢？」你問。

「唉，只比最糟的快了兩分鐘」，我說。

「聽你一路說來，馬拉松還挺累人的嘛！幹嘛虐待自己，想曬太陽不會去墾丁？躺在金色的沙灘上，望著浩瀚的藍海，多棒啊！何必走在發燙的柏油路上，那種滋味就像油鍋上被煎的魚」，你說。

「沒錯！看在朋友的份上，給你一個忠告，可千萬別輕易嘗試馬拉松，否則…」，話沒說完，就被打斷。

「否則怎樣？很奇怪耶，一般都是勸人試試馬拉松，你卻勸我不要淌渾水」，你疑惑地說著。

「我是一番好意。一旦你試了第一個馬拉松，就只有兩個結果：不是永遠不再跑馬，就是變成肖馬人。前者嘛，還好。後頭那個可就有點麻煩」，我嚴肅地說。

「麻煩？有什麼麻煩？你不是個肖馬人嗎？你有什麼麻煩？對了，你是怎麼變成一個肖馬人的？」你好奇地問。

　「我是個肖馬人？呴呴，我如果是個肖馬人，那一大票每週南征北討的，就找不到適當的字眼來稱呼他們。我還不夠格咧，只是愛跑而已。是怎麼開始跑馬的？2005 年夏天以前，馬拉松對我來說只是報紙體育版上偶爾出現的新聞。周遭親朋好友沒有人參加過路跑賽，更不要說馬拉松。每每覺得報紙上的馬拉松新聞挺感人的。能夠跑完 42.195 公里，天啊，那可要多強的毅力和耐力。2004 年夏天，在一次旅遊的遊覽車上，和喜愛游泳的同事聊運動時，曾說：這輩子只要跑一次馬拉松，吾願足已⋯」

　「只要一次？」你打斷我的話。

　「對，這輩子只要一次就可以。只是沒想到，我比一次多了四十九次。2005 年 5 月某個星期天早上，在黎明國中操場跑步。一圈兩百公尺，跑了氣喘吁吁的 30 圈之後，有一位勁裝老者向我走來，對我說：少年耶，跑得不錯，我給你一些資料。說完話後，領我到他停在學校圍牆外的車子。他說他住台北，偶爾到台中女兒家，有時會到黎明國中操場跑步。隨即從後車廂拿出一些有關跑步健身、怎麼跑、怎麼吃等等的資料送我。離去前，他還告訴我台中有一個大腳丫跑步團體，要我上網看看。就是他開啟我通往馬拉松的大門。他可是我的貴人，可惜至今都還不知道這位貴人的大名。」

「哦，還有這麼一段故事」，你說。

「對啊，這只是剛開始而已。六月時，上網搜索大腳丫，找到之後，看了看，沒放在心上。隔兩天，再上網看，索性填寫報名表，看看會不會有什麼事情發生。過了幾天，就在陪兒子去大里高中考英檢時，接到楊總的電話，邀我星期天去東海大學參加團訓。我當然是一口答應。隔天，帶著初入門的怯生心情到東海大學。簡單寒暄之後，開始第一次團訓。天啊，東海的上坡怎麼跑得上去。當其他團員健步如飛地往前時，我卻只能以兩腿走上去。唉啊，有點後悔，答應的那麼快，結果是用走的。（你插話進來：哈哈，到現在你還是用走的！）勉強跑完兩圈，回到操場，享用早點時，楊總看著我說：鞋子該換，褲子也要換，最好上衣也換一換。咦，那時心裡想有那麼嚴重嗎？楊總又說我編入第四組，組長為林榮佳大哥。第一次團訓後，在楊總的邀請下，掛著他老闆的號碼布，參加加入大腳丫後的第一次路跑活動：原住民委員會路跑賽，5.5 公里。和那麼多人一起跑，有點興奮，卻跑得上氣不接下氣。不過，就在這一次沒有報名卻參加的路跑賽上，第一次見識到什麼是跑步，也從此踏入馬拉松的世界。」

「那你的初馬在什麼時候？」你問。

　　「就在加入大腳丫的六個月之後，2005 年 12 月的 ING 馬拉松賽。當越過終點線那一刻，超感動的。太太上前給我一個大擁抱，至今難忘。跑完隔天，雙腿卻不良於行，連下床、走樓梯都非常困難。不過，我終於完成人生的夢想：這一輩子只要跑一次馬拉松就好。很遺憾，當時的感動沒有用文字記載下來。丫達曾說過，初馬最好以文字記錄下來，否則日久，那份感動會越淡。」

　　「那怎麼會有第二馬呢，你不是這一輩子只要完成一次就好嗎？」你不解地問。

　　「這就是我要給你的忠告。我跑了第一次之後，沒有計畫再跑一個馬拉松。過沒兩天，腳卻又不聽使喚地開始跑了起來，腦內啡作祟。於是又報名參加 2006 年 3 月的金石馬拉松，就這樣一直跑到今天的⋯」

　　「第 50 場馬拉松」，你說。

　　「對」，我說。

　　「所以還有 50 場嘍」，你說。

　　「不對，至少目前還沒這麼想」，我回答。

　　「怎麼會？你的標題不是 50-50 嗎？」你問。

「標題是 50-50，但不一定是還有 50 場馬拉松啊！」我說。

「那第二個 50 是什麼意思？該不會是你想來個 50 場鐵人三項吧？」你問。

「別開玩笑了，50 場鐵人三項，對開放水域的恐懼可不是可以輕易克服的。第二個 50 是 50 公里，也就是第 50 場馬拉松是 50 公里的超級馬拉松，50-50 是這樣來的。」

「你是故意挑的吧？」你問。

「No，no，第 50 場馬拉松剛好就是青年公園的越野超馬賽，當然可以跳過，撿個軟一點的。不過，既然碰上了、輪到了，就報名，反正應該可以跑完，頂多也只是再添一場落馬的紀錄罷了。唉呀，這一個 50 可真要命。早就聽聞它的難度，還有人說『北三峽南中寮』。光聽這個馬場封號，就知道三峽超馬可不簡單。中寮是第一次落馬的地方，隔年再去拼一次，花了 7 小時又 6 分才跑進終點線。三峽能與中寮齊名，你說它會軟到哪裡去」，我說。

「我怎麼知道，反正你們跑馬的人，每個都像個自虐狂。有人說，只有動物才會跑，人是用走的」，你回答。

「Born to run，這本書你看了沒？沒有，趕快買來看。看了，你就會相信人真的是動物，而且是適合長跑的動物。50-50 是個偶然，結果也還可以，只是過程苦不堪言。上坡只能慢跑，第二趟更是用步行的居多（你又插話進來：難怪會被封為步兵司令，哈哈），還被一大堆人碾過去，坤堂兄、坤旺兄，以及大腳丫一票女將們（王玉珍、林曉鶯、李慧嫻等）。下坡不敢跑快，越跑腳越痛，放慢腳步的結果是太陽好大啊。最後兩公里，從山門到終點，也是用走的。那個坡，陡到幾乎走不上去。陳泳全卻說，去年他跑完全程。唉啊，這些人不知怎麼練的，吃了哪些秘方。最讓人驚奇的是張智軫。那日在跑完鳳山 21K 的回程車上，一直擔心不知該如何面對 50K 的超馬。結果咧？一路上看她跑勁十足，迎面而來，毫無倦怠感。最後是女子組第五名，第五名！」

「不是別人怎麼練的，是你怎麼跑的？」你說。

「對啊，我是怎麼跑的？一路回想，從第一馬起，就像一條曲折的長線，有時上，有時下，上下震盪還很大。不像阿佳組長，可真是個『穩如泰山』的愛跑者。」

「穩如泰山？他很壯嗎？」

「不，剛好相反，他很瘦，瘦到敵不過澎湖的強風。去澎湖跑馬，幾乎快被風給吹到海裡去。『穩如泰山』是指他的成績，每次都差不多。我，每次都差很多。最快的是 3 小時 56 分，最慢就是ㄚ南夏日馬，上下震幅達 90 分鐘。」

「你還跑過 3 小時多的？」

「怎樣，懷疑ㄡ！自從跑馬後，自知腳力有限，於是許下一願：這輩子只要跑進四小時一次就好。」

「又是一次就好？」

「對，又是個一次就好。50 場裡面，總算有三場在 4 小時以內，ING、白河和金門。本來是一次就好，結果是比一次還多了兩次。不錯吧！其他也有幾次『如果』加把勁，應當可以跑進 4 小時，只是跑場上沒有『如果』，就像人生裡也沒有『如果』怎樣，就怎樣這回事。」

「跑馬還有哲理，看不出來。跑步不過就是兩腳前後交換嘛。對了，你說愛上馬拉松會有點麻煩，是什麼樣的麻煩？」

「其實也不是什麼麻煩。跑馬有快樂的一面，當然啦，有時也必須兼顧工作、家庭生活，最好是全面到位。沒辦法去跑時，就只得等下次再來。」

　　「跑馬還有快樂的一面，你剛剛不是一直在抱怨太陽有多大，坡有多陡嗎？」

　　「對啊！不過，抱怨歸抱怨，還是樂在其中：

　　最爽的馬拉松在豐原，當劉小禎百馬陪跑員。一路上打打鬧鬧、呼口號、鬼吼鬼叫，終點線之前，互相擁抱，多爽！

　　最快樂的馬拉松在沖繩，日本辣妹多到你看不完，還有拉麵和黑糖，再來個馬殺雞按摩。

　　最美的馬拉松在慶州，路旁盛開的櫻花，美得會醉人。

　　最飽的馬拉松，嗯，有好幾個的地方，各地民間社團辦的馬拉松都是吃到飽。最難忘的是八卦山馬拉松吃到撐的橘子，夭壽甜！

　　最感動的馬拉松當然就是初馬嘍！」

　　說完，看了看牆上的鐘，「呦，都這麼晚了，睡覺時間到了，明早還要按表操課勒，下回再談吧」，我說。

　　「等等，50-50 果真是第 50 場跑個 50 公里的馬拉松嗎？」你問。

「對，難道會是 50 場馬拉松後，再來 50 場鐵人三項嗎？」我說。

「有可能，生活充滿變化，不是嗎？」你問。

「不，不是生活充滿變化，而是生活就是變化。50 場鐵人三項，嘿嘿…」我說。

晚安！

教我如何不想它

　　看著滿桌的「辦桌」佳餚，即使想吃，筷子舉起來，挾了三兩下就停手。算了，實在沒有胃口。鄰桌，動口的也不多，倒是陸續開始動手打包幾乎完整如初的美食。整鍋、整碗、整盆地倒進打包袋。春宏兄的技巧更是高超！用兩個塑膠袋套住人蔘雞的碗口，雙手一握，一翻，整碗人蔘雞一滴不外落地倒入打包袋裡。活動舞台上，蕭會長呼籲大家不要顧著打包，應盡量享受艋舺人的好客熱情。真的是想好好吃一頓，可是剛跑完馬拉松，怎吃得下滿桌（油膩）的美食？活動舞台後方，有些賣飲料涼水的小販。買了檸檬冰，兩三下喝完；再買一瓶彈珠汽水，咕嚕咕嚕下肚，還是渴。想起了咖啡，可是這裡沒賣咖啡。

　　辦桌馬拉松，ㄟ，是跑完馬拉松後，吃辦桌。去年就聽隊友提起辦桌，只是心裡想，辦桌大概是把一

些炒飯、炒麵、酸菜鴨肉湯之類的，端上餐桌吧！哪想到艋舺人是來真的，按照傳統，辦桌請客。海霸王掌廚的開胃沙拉、米糕、佛跳牆、醉蝦、豬腿、人蔘雞等一一上桌，飲料是特製的檸檬愛玉和喝到飽的青島啤酒。席開一百好幾十桌，人聲鼎沸，宛如婚宴喜慶一般，場面搶搶滾。好像還沒有哪一場馬拉松可以和艋舺拼一下的。

　　實在是胃口不佳，索性到一旁體育用品攤逛逛，順便抒解疲憊的雙腿。一臉通紅的楊會長走過來，看著我說，「我的臉，喝酒喝到紅，你的臉也是喝酒紅的吧？」不，我的是太陽烤紅的。今天的太陽真的曬很大，但起跑時可不是這樣。

　　清晨五點半起跑，好像早了些。不過，想想龍山寺、限時六小時、辦桌等，五點半起跑可是最佳時機。天微亮，各路跑馬英雌好漢齊聚龍山寺，準備為沈寂兩個月的馬拉松季拉開序幕。跑之前，上個廁所是一定要的啦。隊友適時提供解決之道，遙指寺旁陰暗處，你看就在那裡。順著指尖往不遠處看，還真的咧。四、五個穿著，ㄟ，運動背心的男子正在陰暗處搜尋。那地方，可以嗎？正在狐疑時，阿萍姊給了一個安心的答案，寺裡地下室的廁所開放使用。和國華兄一同前往解放，寺方的清潔人員正賣力地勸說著：「不夠，可以到隔壁女子廁所。不要緊，隔壁空得很。」嚇我

一跳，沒想到清潔人員這麼窩心。通常都是女子廁所前大排長龍，今天卻是男遠多於女，馬拉松嘛！

萬華龍山寺，恐怕已經有 25 年未再造訪過。鳴槍起跑後，跑在廣州、康定、桂林等路上，秋風拂面，有那麼一絲涼意。剝皮寮、華西街，過門不入。用不了幾分鐘，艋舺馬拉松的艋舺，就已繞完。穿過堤防，開始新店溪畔的馬拉松。老實說，溪畔自行車道馬拉松，感覺很熟悉，土城、三重、永和超馬等好像都在這一片水域。路線應該是沒有重複，「味道」卻有點像。

第一圈，還好，反正 50 馬過後，越跑越慢，就慢慢跑吧！來回四趟，總會遇見所有的參賽者。楊文權越來越勇、坤旺兄健步如飛、陳前依舊步履如昔、陳泳全還是播放招牌歌曲、廖明桂小姐的速度還是如往常般地快、阿萍姐今天也勇不可擋、國華兄因腰傷，權當「抓得住你」的攝影人、根木兄腿傷力拼半馬。我呢？慢慢跑，跑得遠！唉呀，如果是這樣就好嘍！。

慢慢跑的結果是越來越慢，太陽卻越升越高，越來越辣。陽光普照，無處可躲，好一個豔陽天，一個百信賣小姐說是熱死人的好天氣！這種光天耀日，待在補給站吃吃喝喝，是一定要的。梨子、葡萄、可樂、沙士，通通給它灌下肚，更別提水和運動飲料。主辦

單位真用心，義工們也熱情。四圈下來，吃喝不少，肚子滿足，雙腿卻提不起勁，走為上策。唉唷，「淪落」到這步田地，不能怪老天不幫忙，也不能說繞圈很無聊，只能說是練習量不夠（這個理由好像都會出現在每場的馬拉松裡）。說到底，馬拉松是個有投資，必有回報的健康事業：投資多少，回報就有多少！還好，馬拉松「只有」42.195 公里，撐下去，終點線一定會出現在腳底下。

越過終點線，只想沖涼水。主辦單位設想周到，除了貨櫃盥洗室之外，還搭了野戰沐浴篷。那是要脫光入場的。這把年紀也不再遮遮掩掩，火速脫光，享受陣陣冰涼。用自備的肥皂抹一抹，拿起水管，讓水從頭流到腳指頭，多舒服呀！直到穿衣服時，才發現今天的太陽有多辣，整個身體發燙，陽光照射下，還會陣陣刺痛。看看手錶，開飯的時間快到了，往華中橋走去。

一百好幾十桌，要找到自己的位子有點難（因採對名入座）；但要找到大腳丫所在之處，卻是輕而易舉，一眼就可以認出。綠色的背心、綠色的 T-恤、綠色的 Polo 衫，這就是大腳丫的顏色，而且總是一群人。坐定後，寒暄一番。不多時，年輕小伙子端來第一道菜，舞台上也頒發出第一座獎盃。菜陸續端上，頒獎

逐一進行，沒有什麼胃口的我，嘴裡卻戀著咖啡。舉目四望，會場內外毫無販賣咖啡的跡象。唉，教我如何不想它。

咖啡好像已經變成隊友和我之間的寒暄話語。起跑時，有人問：今天還要不要喝咖啡？繞圈時，也有人問，哪裡可以買咖啡？回到終點，大夥問的是：你的咖啡咧？今天沒有咖啡。

不過，艋舺馬拉松除了沒有咖啡之外，其他什麼都有：熱死人的豔陽（和中寮差不多）、平坦的路線、盡責的交管、吃得很撐的補給、熱情的服務人員（可看到那個一身古銅色，獨自站在路旁為參賽者打氣的伯伯嗎？）、野戰淋浴間（可能是有史以來最好的）等等。

思緒從咖啡落回到桌上的人蔘雞，陣陣香味傳來，喝它幾碗也好。眼角餘光瞥見大腳丫快腿之一榮佳組長，正以獎盃盛酒，一飲而盡，多麼豪爽！鄰桌春宏兄打包人蔘雞，多麼俐落！活動舞台前，百馬頒獎給初馬，多麼令人感動的畫面！來，為馬拉松乾一杯。至於今天沒喝到的咖啡，就算了，反正回家後，家裡多的是。

終點線後的咖啡香

「教授，你也未免太享受了吧？還端一杯咖啡勒！」春宏兄在終點拱門前五十公尺處笑著對我說。「就是因為跑得太辛苦，所以要來杯咖啡享受一下」，邊回答，邊小心翼翼地端著咖啡，往終點線走去。

回到選手休息區，這一杯咖啡還引起小小的騷動。麗娟小姐驚訝地問，咖啡哪裡買的。「金山，我還一路護送它回來」，戲謔地給個答案。誰都知道這個答案不會是真的，只好誠實地招出，是在一百公尺外的超商買的。愛喝咖啡的敏昌兄聽到後，馬上拉起牽手的小手，往超商直奔而去。其實，端著咖啡跑進終點線，這已經是第二次了。

2008 年 12 月嘉義馬拉松。跑進終點線後，整理衣物袋時，還真想來杯咖啡，但會場看不到香噴噴的咖啡車。問了敏昌兄，他說終點拱門前方數百公尺處有一家超商。抬頭望了望，好像不太遠，但已經疲累的雙腿，似乎連這幾百公尺都走不了，更甭提頭頂上還有個大大的太陽。於是放棄了喝咖啡的渴望，念頭卻還一直留著。

2009 年又是嘉義馬拉松，為了享受跑完馬拉松後的咖啡香，這一次乾脆在進入終點線前，先彎進超商買杯咖啡，再跑回去。結果，這杯咖啡引起一旁觀眾「議論紛紛」，短短百公尺，路人甲乙丙「指指點點」，

好像從來都沒有看過參賽者端著咖啡跑馬拉松似的。馬拉松過後，來杯香噴噴的咖啡，實在舒服。不過，馬拉松的教科書可不這麼認為。因為咖啡利尿，反而加速身體的水分流失，因此賽後喝咖啡不是什麼明智之舉。對我輩凡人來說，管他的，喝就對了。

其實，不只我喜歡跑後來杯咖啡，敏昌兄也是，還有有成兄。劉小禎大概也是咖啡一族。2010 三峽 50 公里超馬，山路旁有家咖啡小店。最後一趟回程時，真想停下來休息，順便享受一杯美美的咖啡。不過，礙著關門時間，只好過門不入。倒是小禎兄安安穩穩地享受美景加咖啡，也及時跑進終點線。人客呀，這才叫享受馬拉松！

馬拉松是一項挺累人的運動。賽前的練習固不可少，連月跑量都要夠，否則跑起來拖拖拉拉、2266 的，能回終點已經要謝天謝地了。還有，路況、天氣也是兩大變數。路況雖事先可查，上上下下海拔高低可知，老天爺的脾氣可沒人有把握。就算比賽當日，隨時都有風雲變色的可能。就拿「陽明山－夏季－馬拉松」來說吧。陽明山，夠吸引人的吧，國家公園耶！但想到那起伏的山路，恐怕需要多多考慮。

夏季，嚐過中寮山「夏日」馬拉松的滋味嗎，那種全身皮膚被燒烤的焦炭味。至於「馬拉松」，算了吧，

現在台灣的馬拉松賽可說已經進入瘋狂期，不僅場次多得嚇人，只要打出「名額限制」四個大字，跑友們個個想盡辦法早早報名。所以嘍，陽明山夏季馬拉松，「山路加夏季」很嚇人對吧，但根本嚇不退喜歡每週瘋狂一次的跑友。只是鑑於陽明「山」的威名，隊裡許多馬場老將只報名半馬。倒是跑馬不綴的陳前、坤旺兄、坤堂兄、泳全兄、國華兄，當然還有國華兄的家後哲萍小姐等人，中寮山 50 公里後接著挑戰陽明山。這些人真不是蓋的，當然，也不可以亂學，伯伯嬸嬸們是有練過的。

人說天有不測風雲，這句話用在陽明山馬拉松倒是說對了。雲龍秘書長賽後說，山路加夏日，報名半馬就好。楊會長更是口吐實言說，看到簡章的高度圖，「嚇得」只跑半程就好。難怪會在半程折返處附近看到會長往回跑，當時脫口對他說：「你怎麼給人家跑半馬？」現在回想起來，會長應該是有「陽謀」才對，可能跟百馬有關吧！

但出乎眾人意料之外的是，今天非常不夏日。起跑時，天清氣爽，山巒青翠，是個跑步的好天氣。六點準時齊步跑，出拱門，不到百公尺後右轉上坡。耳邊傳來一位壯漢志工的吼聲：「從這裡開始，連續上坡六公里，再下坡十五公里。」天啊，那回程豈不先上坡十五公里，再下坡六公里！如果再加上太陽露臉，

嘿嘿，可有得瞧了。心裡沮喪之際，抬頭望見路邊有家超商，好吧，回來再端杯咖啡，自我慰勞一下。

上坡六公里，下坡十五公里，幸好太陽沒有露臉。沿路風景優美如畫，卻前不著村，後不著店，連個加油的純觀眾也沒，好個孤單的馬拉松。跑到折返處，前半程花了兩小時又十幾分鐘。回程可苦了，先是抬頭看天，好像會是個太陽露臉的好天氣。再往前看，一路直上雲霄。既來之，則跑之，跑不動，則走之。管他的，先拐進路旁唯一一家小雜貨店，買瓶蠻牛，喝了再跑。結果，蠻牛下肚，還是跑不起來，真懷疑廣告所說的效果。不過，它好像也沒說錯，是喝了再上，而不是喝了再跑。

進入陽明山國家公園的範圍後，路變得有點窄，而且彎道多了起來。好消息是天氣快速轉陰，有時下小雨，有時薄霧籠罩。怎麼這麼好，真是喜出望外。這上坡十五公里，走的雖比跑的多，卻是一路陰雨，雨滴打在身上，再也舒服不過。途中被國華兄夫妻檔追上，這兩個真厲害，幾天前才完跑 50 公里，今天又是兩尾活龍。哲萍小姐笑著把她老公託付給我，逕自往前跑去。少了牽手陪伴的國華兄可能不習慣與步兵師長同行，眼光向前搜索，邁開腳步，追老婆去也。山路蜿蜒，踽踽獨行，前有跑者三兩人，後無追兵，朦朧的陽明山別有一番滋味。

　　山路迢迢，總有盡頭，到了小油坑，一路往下。管他四七二十八，邁開步伐，往下跑去。目標是超商，先買咖啡，再進終點。瞥見小語和隊友在超商前幫跑友加油打氣兼拍照，一聽我要買咖啡，楞了好幾下。坐在涼椅上的路人甲乙投以不可置信的眼光，說：終點就在前面，何不去了再來買。看看手錶，答以「時間還來得及，況且不想再走出來。」進去點了一杯中熱美，出來後，怕咖啡濺出，端杯小跑。儘管小心翼翼，還是搖晃得很厲害，那就用走的吧，反正終點就在前方五十公尺處。

　　為什麼喜歡跑後來一杯咖啡，我也說不上來。和鐵人三項比起來，馬拉松是一件自得其樂的苦差事。跑完後，身心俱疲，大會準備的便當難以下嚥（倒不是因為難吃，而是沒胃口居多）。此際若能來杯熱熱的咖啡，解解身體的疲憊，是會讓自己舒服一點的。還有，跑完後，免不了一身汗臭，若身旁有一杯咖啡，聞聞咖啡香，至少會讓人神清氣爽許多。參加過多次馬拉松，喝到咖啡的場次倒不多：

2008 年 1 月台灣祈福超馬，50 公里休息站，喝杯咖啡再跑。
2008 年 4 月新竹聯電馬拉松，享受會場咖啡專賣車提供的咖啡，真是舒服。

2008 年 11 月白河馬拉松，跑後疲憊的雙腿，一拐一拐走去市中心買咖啡。

2009 年 11 月白河馬拉松，向子哲兄太座借腳踏車，到圓環買咖啡，也是舒服。

2010 年 1 月台南古都馬拉松，近終點，看見超商，沒帶錢。退了晶片後，才買。

　　咖啡是在非洲偶然被發現的，土耳其人把咖啡帶到歐洲，歐洲人又把咖啡帶到美洲。馬拉松出現在希臘，百年前，英國倫敦奧運正式將馬拉松的距離定為 42195 公尺。台灣的老歌唱的是「美酒加咖啡，我只要喝一杯」，我則是「馬拉松加咖啡，一杯再一杯」。敏昌兄，下次別再跑那麼快，和我一起買杯咖啡，端杯進終點拱門，享受終點線後的咖啡香如何。

這裡有 一大桶咖啡

　　趁著記憶還新鮮時，趕快把今天的馬事寫一寫，免得明天過後，又是一陣惆悵。惆悵，是因為跑久了，對馬拉松的感覺越來越鈍，往往賽後的心得感想寫了幾個字就擱著。這一擱，電腦桌面上到處貼著未完成的心得隨筆。幾天後，滑鼠左鍵一按，拖進資源回收筒，自此永遠沒有出頭天的一天。例如三重馬拉松，寫了三段，還上網找到一張走路的相片，據此隨手把文章命名為「走在三重裡」。有點眼熟，也有點兒不長進，是吧！左看右看，「走在三重裡」都像是抄襲林慧萍的「走在陽光裡」。不，我有話要說。三重那一場，離終點拱門 200 公尺，我真的是用走的，只剩 200 公尺，衝個甚麼勁啊。所以嘍，「走在三重裡」和林慧萍的「走在陽光裡」乃純屬巧合。

　　又例如阿公店和屏東單車國道馬拉松那兩場。這兩場真的好得沒話說，賽後也寫了幾段，文章的標題就叫做「我要按個讚」。為什麼要按個讚？這兩場非按個讚不可，賽道、補給、工作人員都比「X 協」辦的馬拉松不知道要優幾倍。有看過天色未光，參賽者陸續抵達會場時，工作人員早就站在路旁，大聲招呼：「各位跑友早安」的嗎？有聽過補給站的大哥用著純樸的鄉音說：「讓我們請個橘子再跑」的嗎？還有，最感人的是，已經關門後 12 分鐘了，最後一位跑者（初馬選手）跑進操場。主辦單位動員十多位工作人員，從他一進場時就開始陪跑，終點裁判和工作人員

也列隊鼓掌歡迎。那位選手跑進終點拱門時，淚光閃閃。這場景真令人感動。如果是「X協」的馬拉松呢？一過關門時間，開始收拾所有的東西。沒在時限內跑回來，只怪爹娘沒給你生一雙快腿。「X協」玩的是官方版的馬拉松，尊崇的是從非洲來台灣的兩三位參賽者。阿公店和屏東是民間版的，以百千位跑者為尊。民間對官方，高下立判，給這兩場馬拉松按個讚，實至名歸。

以上三場馬拉松的感想都沒有寫完，原因只有一個懶字。趁寫寫 2011 年最後一場馬拉松時，順便以三言兩語交代了事。

2011 年 12 月 31 日，台中和南投同日舉行馬拉松。哪一場是 2011 年的最後一場？當然嘛是南投中潭公路馬拉松，因為中潭馬 8 點才起跑，四號生活圈馬拉松 7 點就起跑。一個鐘頭之差，讓四號生活圈馬拉松飲恨屈居第二，中潭馬才是正港的 2011 年最後一場馬拉松。

其實，這場馬拉松好像不太像馬拉松，儘管它的里程是標準的 42.195 公里。為什麼這麼說，首先，它是大三鐵的賽事之一。三鐵，知道吧，可不是台鐵、高鐵加喜帖，而是游泳、騎自行車和跑步。說是三鐵，也不正確。田徑競賽場上，三鐵指的是鉛球、鐵餅和

標槍。串聯起游泳、自行車和跑步的，稱為鐵人三項或三項全能，部分人就直接稱呼它為三鐵。

　　中潭馬是一場鐵人三項中的路跑賽，只不過距離「剛好」是 42.195 公里而已。其次，全馬參賽者 601人（成績證明上寫的）中，聽大腳丫三鐵組葉教練說，三鐵選手就有兩百多人。有哪一場馬拉松會有那麼多三鐵選手參加的，沒有吧！最後，在跑的過程中，前後左右很少出現熟悉的各式路跑俱樂部背心。如果有，也是小貓幾隻。大腳丫的綠背心，雖然只有二十幾人，卻已經是全場最大的團體。最後的最後，跑完後，看不到那種賽後，大夥聚在帳棚下閒扯的溫馨畫面，就是那種呼朋引伴，到處串門子哈拉的場景。整個活動場地，有點兒給它唏噓。所以我說，中潭馬不太像馬拉松。

　　雖是如此，它的起終點距離可也是 42.195 公里，跑起來一點都不含糊。中潭馬有馬拉松的長度，也有馬拉松的寬度：四線道劃一半給跑者。但由於參賽的人實在不多，出發三、四公里後，人龍逐漸拉長，選手也只利用一個線道而已。不像有些馬拉松，跑了好幾公里後，大夥還是擠在一起，手碰手，肩並肩，活像一個馬拉松大家庭，急著到不遠處的遠方朝聖似的。

　　說馬拉松，不能不提天氣。好天氣可以讓你創下人生紀錄，就像最近的阿華田，3 小時 57 分耶！請大

家鼓鼓掌；但若天氣太好，可能會讓你發下「下次不來了」的毒誓。只不過這類毒誓，對愛馬氏來說，大概只維持一場馬拉松的時間。一過終點拱門，全忘了。今天的氣溫應該十幾度吧，蠻適合跑步的，只是濕度有點兒高，有時連眼睛都冒汗，搞得眼鏡一片霧茫茫。雨，有下，是那種微雨，打在臉上還挺舒服的。偶爾，雲散開，太陽似乎要露臉的樣子。幸好，太陽公公一直到賽事完畢，都躲著不見人。跑在毫無遮蔭處的我們，沒有被曬得七葷八素，真感謝老天賞臉。

說完天氣，再來是賽道。起跑點設在草屯工藝所，沿台 14 線往埔里，過了第二個隧道後一公里處，再折返回工藝所。去程，緩上坡；回程，除三處上坡外，緩下坡，跑起來還蠻平易近人的。只是回程時，處迎風面，有點兒吃力。中潭公路沿溪開路，兩旁青山翠綠，風景秀麗。路跑當天，遠處山頭雲霧裊繞，國道 6 號宛如一條騰雲駕霧的長龍，行駛在其上的車輛應該像是開進迷霧之國吧。

今天的補給好不好？嗯，談不上豐盛，但該有的都有：水、運動飲料、柳丁、草莓、巧克力。巧克力是一大塊的那種，塞進嘴巴還要咬它個幾下。賽後，主辦單位提供一碗不怎麼鹹的滷肉飯加一顆滷蛋，以及一碗貢丸湯。勇奪第一名的發哥，喝到的湯應該是熱的，我們中後段班的是溫的，後段班喝到的，搞不

好是冷的。補給站的工作人員清一色由高中生擔任，這些少年仔還蠻熱心的，一邊喊加油，一邊說不用怕，盡量吃。今天最辛苦的非柏青哥莫屬，看他邊跑邊拍照，還邊加油打氣，竟然也跑了一個馬拉松。更神奇的是，他根本就沒報名哩！

2011 年最後一場馬拉松，我很努力地跑著，因為已經是最後一場了。最後一場的最後一公里，時間3:55'29''，不可能跑進四小時，但我還是努力邁開腳步。4:01'16''通過終點拱門後，走沒幾步，立刻拿到成績證明。還沒看過效率這麼高的。拿著大會提供的紀念品，信步往帳篷區走去。兩旁是一些南投特產攤位，不多，十來個左右。舞台上正在頒獎，耳中盡是聽到司儀播報大腳丫第 x 名、大腳丫第 x 名的。食物區備有主辦單位提供的滷肉飯和貢丸湯，隔壁是南投趴趴走的大本營。一位大哥正在泡茶，我不客氣地連喝三杯，只是奇怪，怎麼咖啡味蓋過茶香。原來，趴趴走早已準備了一大桶咖啡，讓跑完 42 公里，疲憊不堪的選手們可以喝個通海，舒緩舒緩身心。聞到咖啡香，自然盛了一杯。看看杯裡咖啡的顏色，再聞一聞味道。嗯，是三合一的。雖然早已不喝加糖的咖啡，但還是啜飲一口，享受終點線後的咖啡香，也享受趴趴走的熱情。

安娘へ，
那個沒良心的人選的…

　　破碎的路面，和其他不曾修補的產業道路沒什麼不同。水泥隨便塗塗補補，東一塊，西缺一口。更糟的是，一路陡升。「安娘ㄟ，這種路要怎麼跑？」

　　身旁的漢子附和著說：「對呀，馬的，那個沒良心的人選這種路。」

　　迎面而來的另一男子好心勸道：「這款路，麥走，用走的。」

　　他背後的漢子補充說：「是呀，跑上去抽筋，跑下來也抽筋，乾脆就用走的，安捏卡好。」抬頭一看，原來是楨木兄，醬子快，已經下山，我還在這裡奮力往上，差點就手腳並用。

　　路旁咖啡土雞城老闆娘拿出兩串看起來好像發育不良的香蕉，擺在路旁，任君自取。「老闆娘，你們有賣咖啡嗎？」「我們只有罐裝咖啡。」唉，這個答案讓人高興不起來。

　　繼續往前行，22 公里的標示牌擺在路旁。華萍二老迎面而來，「寶哥，你來啦！」「對，你們先發，我後到。」再前進不到百公尺，一夥人列隊歡迎，麻辣兄蹲在一旁，扛著相機取景。終於抵達 308，原來這就是 308，花了兩小時 40 分。肚子有點餓，拿起香蕉沾梅子粉，連吞三小節，又灌兩杯舒跑和四片橘子，

真舒服。原本吃完就想走，猛地一想，還沒拿信物咧！取了信物，擺個美美的姿勢拍照。嗯，任務完成，搭車回去嗎？今天設定的目標不就是跑到 308 就好嗎？

　　原本這一場 308 是根本就沒有在報名參賽的計劃內的。原因很簡單，不想連馬（308 就緊接在屏東大華馬拉松之後）。對華萍二老來說，連馬算什麼，不連七個馬才不會過癮咧。但既然吃過連馬的苦，就不想再重蹈覆轍。東海休閒幫的光耀兄曾說，可別說那麼快，搞不好就來個連馬。當時，對他拍胸脯保證，這種事絕不做。只是有時，人總是會在衝動時做出後悔的決定，然後說「都是月亮惹的禍」。報名 308 就是在一時衝動之下做出的決定，尤其是看到孝信兄寫道，「就算跑不完也要來參加這場賽事」的字眼時，一時腦充血，糊里糊塗地在大腳丫的論壇上報了名。等到稍微冷靜之後，才驚覺糟糕，怎給它連馬呢？這下可好？

　　想編個理由，好取消報名。腦中想出的最好理由是，沒有遊覽車可搭。搭遊覽車對我這種懶人來說，是參加馬拉松的必要條件。我幾乎沒有自行開車去跑馬過，都是搭會裡提供的遊覽車。如果大腳丫沒有安排遊覽車，那麼就可假借自己搭車去好累人的藉口，不去跑那累人的 308。只是，莫非定律說，越想它不會發生，它就越會發生。想出沒車可搭的理由，被楊

總在論壇上的留言給擊破：「萬寶教授，當然有專車搭。」這下只得硬著頭皮披掛上陣。

攻上 308 來回全長 44.4 公里，怎麼跑？瀏覽網路上眾人的試跑感想和阿達的獨跑自白，唉，我跑一半就好。坤堂兄在屏東時說，馬拉松的精神就是永不放棄、堅持到底。我則說，馬拉松的精神是該放棄時就要放棄，留得青山在在，不怕沒材燒。究竟是永不放棄，還是當下立斷？

凌晨在台中中港路愛買店搭車，上車地點就在鼎鼎大名的金錢豹對面。凌晨時分，金錢豹，內行人知道的。

等車時，聽隊友說，龍崎沒有超商，於是先到漢堡店買杯咖啡，以備不時之需。噴射仔的大腳丫專車從台中一路往南，每到一處交流道必下去攬客。這一夜，不像前一週去屏東那樣可以睡得安穩，翻來覆去，老覺得今天應該是跑不完的。朦朧之間，車停了下來，唉呦，是超商耶，誰說龍崎沒有超商？不過，既然已經有了一杯冷掉的咖啡，我只要這一杯，所以也就沒下車。通常有一杯咖啡是幸福的，此時的我卻比一杯還多了一杯，原來是楨木兄手拿兩杯咖啡朝我走了過來。這下子，我的幸福指數應該是破表了吧！

　　拿著兩杯咖啡來到會場，放眼一看，龍崎關聖帝君「龍山文衡殿」廣場有夠大，裝個上千人都沒問題。舞台、帳棚、休息區、洗手間等應有盡有，標準兼一流的跑馬設施。清晨昏暗之際，只見丫南（大腳丫台南分部）工作人員忙碌穿梭會場，各地跑友則是四處閒逛兼哈拉。這一副熱鬧的景象，實在與「比賽」這兩個字搭不上，倒像是跑友的懇親大會。起跑前，丫達上台一連串「警告」，總之就是說一些「不好跑、三小時內若沒到 308，就跑不完、痛苦」之類的。對大部分的識途老馬來說，這類警語無三小路用，跑就對了。

　　起終點拱門設在關聖帝君面前，面向關聖帝君，三拜，祈求今日順利跑到 308。關老爺騎赤兔馬，過五關，斬六將，誅顏良文醜，我呢，308 就好。賽前曾問阿勇哥 44.4 的由來，原來是原先規劃的起終點場地到 308 高地的距離，約是馬拉松的距離。只不過場地過於狹小，容不下眾多參賽者。因此把場地往後延到文衡殿。這一往後延伸就多出 2 公里多，算是免費贈送，答謝諸位跑友的愛護。

　　鳴槍起跑時，風和日麗，有點涼意，跑起來頗為舒適。進入龍崎街道，看到老街的招牌，往街的盡頭一探，似乎五十公尺不到。原來市鎮再怎麼小，也有

一條叫做「老街」的中心！出了街道，正式進入崎嶇
的山路。說是山路，倒也還好，上坡下坡都不長，況
且樹蔭眾多，涼風撫面，有什麼比這個還舒服的呢？
還有，每三公里一個補給站，ㄚ達果真設計到讓跑者
可以不用額外攜帶補給品，雙手空空，身上只有一張
號碼布，別無他物，就可跑步。邊跑邊看風景，補給
站吃吃喝喝，今天真的是來懇親的。

　　沿著公里數指示牌往前數，經礁坑子、代天府到
二寮觀日亭，一片朦朧的月世界，雲霧繚繞，雄鷹遨
遊其間，人間哪得幾回見，真是美不勝收！大慶兄在
此優美聖地開設私人補給站，連同家人一起為眾跑友
提供無微不至的服務，真是感恩。吃喝一頓後，與補
給站依依不捨道別，迎面而來的是一長下坡，跑起來
毫不費力，爽快。

　　過了派出所，前進到岡林教會。途中有位跑友拿
著相機，一一尋找先前試跑（也就是踩線的意思啦）
時，跑友提供的美景。對著一間紅磚平房，嘴裡嚷嚷，
這就是岡林教會。丈二金剛摸不著頭的我，只能在一
旁搖搖頭說，這不是教會，這不是教會，屋頂上又見
不到十字架。沒多久，傳來一陣加油聲，原來這才是
岡林教會。設在此地的補給站，補給豐富自不在話下，
讓人感動的是ㄚ南吳老師「動員」南一中的同學，分

據各重要據點，為跑友加油打氣。從文衡殿一路跑來，說真格的，「夾道歡迎」的鄉親父老寥寥可數，倒是這些南一中的同學賣力為大夥加油。看到青春洋溢的年輕人，跑步時，也跟著年輕起來。

已經 15 公里了，喝著運動飲料，抬頭一看，ㄡ，308 往右，謎樣的 308 就要揭曉。到了 20 公里處，開始小上坡，路越來越窄，路面則是柏油與水泥混雜。迎面而來的跑友，個個小心提醒，用走的就好，太陡了。原本不太相信，小跑步應該可以吧。沒想到小跑步慢慢變成快走，最後乾脆慢走。這種路面，這種坡度，安娘ㄟ，那個沒良心的選這種路…。

308 的風景絕美，有一攬眾山小的感覺。小山，如果矗立在更小的山之間，那麼它就會是巨大的。就好比獨裁者之所以是巨大的，只是因為其他人都跪了下來。但人的覺醒，往往會戳破巨大的假象。唉啊，連想太遠了，還是回到現實。ㄚ達斬釘絕鐵地說，如果沒在三小時內到達 308，大概也就不要指望能在限時內回來面見關老爺。看手錶，差 20 分鐘就滿三個鐘頭，應該可以在時限內向關老爺交差的。於是就帶著輕鬆的心情下山，反正今天賺到了唄。

回程經過沒有咖啡的咖啡土雞城，陣陣喧嘩聲傳來，聽音辨位，好像是豐慢人馬趁跑馬之便來個雞酒

宴，好個馬林豪傑！回首來時路，不久之前的上上下下，現在回程則是下下上上。既然可在限時內回去交差，也就不急在一時，凡遇上坡，一律步行，下坡則輕鬆跑前進。太陽老爺高掛頂頭，跑在樹蔭處卻涼爽無比，只是苦了交管志工，大多站在豔陽下，提醒跑友勿入歧途。不久遇到槙木、再乾和石光 e 郎，寒暄一陣，四人結伴而行。

　　至岡林教會，南一中同學處在路旁加油打氣。聽說他們的加油聲還惹來教會人員不悅，說是干擾到教會的星期日儀式。其實，他們也不是故意的，當日剛好有跑馬活動，加油打氣聲難免為一向靜謐的鄉間加點油、添點醋。此時雖然已是後段班抵達時段，補給桌上依舊琳瑯滿目。大夥湧向補給桌時，工作人員連忙問：「要不要瓶蠻牛？」蠻牛？哪一個單位本錢這麼粗，大手筆買蠻牛請客？要不要？當然要！二話不說，拿了一瓶蠻牛，往肚裡直灌，頓時覺得可以一飛沖天。電視廣告通常誇張，蠻牛下肚，自然是飛不起來。石光 e 郎等人還在補給站哈拉，我則在蠻牛的激勵下，獨自踏上征程。

　　不知過了幾個爬坡，背後傳來急促腳步聲，心想：「這時怎還有人可以輕快跑上坡？」剎時之間，只見豐慢兩位跑友從旁急速奔過，一溜煙，真的是一溜煙

就不見人影。不知何時飄然而至的豐慢張會長說：「喝了雞酒，當然火力全開，但跑那麼快，會交不到朋友。來，我教你一招『下坡斜跑』。」說完，三兩下展示，快步離去。「下坡斜跑」？試了幾次，應該是資質駑鈍，後腳老是拐前腳。算了，就以一招應萬變。

經過二寮觀日亭，大慶兄一家人依舊堅守陣地，為跑友提供窩心服務。再往前行，碰到ㄚ南補給巡迴車，又拿了一瓶蠻牛。其實已經「一肚子氣」了，再喝蠻牛純粹好玩兼撈本。不久之後，終於抵達龍崎鄉中心。這一條「市中心」路，其實不長，但鄉的精華大概全集中在此。南一中同學服務的水站洋溢著青春熱情，取了杯水後，拐個彎，和明嘉打聲招呼，出「市中心」，跑上 182 縣道，只剩兩、三公里，今天有望拿張成績證明回家。

過了 42.195 標誌，感覺有點怪異。通常馬拉松跑到這裡可謂大功告成，然今天大會免費奉送 2.3 公里，當作伴手禮，給大夥高興高興。踏過這一條「終點線」，每前進一步，目標就越近一步。此時雖冬季烈陽罩頂，但車子不多，無喧囂與廢氣之苦。右側一片綠蔭，跑走其間尚不覺辛苦。剩一公里，翹首未見文衡殿。再轉個彎，前景豁然開朗，目標就在前方不遠處。進入文衡殿拱門之前，交管志工笑問，今天有喝到咖啡嗎？今天沒有喝到咖啡，但享受一堆ㄚ南準備的嗎啡。

　　最後一百公尺，五十公尺，見到大腳ㄚ伙伴在帳棚前高喊加油，於是變成跳跳幫，大跳好幾下。敏昌兄笑說，還有力氣跳，可見未盡全力跑。昌哥，跳，不是體力有保留，而是因為開心。進拱門，五小時四十一分。阿華田說，剛剛相片沒照好，再跳一個。於是又跳了一個，然後轉身面向關老爺，感謝一路相挺。

　　「我攻上 308」，其實是拖上 308。服兵役時屬經理補給連，整天搭乘大卡車四處奔波，沒走過什麼路，更沒攻過山頭。用「攻」這個字，實在有點心虛。感覺上，這一場 308 被ㄚ達過渡宣染，事實上也沒那麼嚇人。除了最後那兩公里的路面之外，剩下的都屬一流：一流的資訊、一流的風景、一流的補給、一流的志工、一流的交管，以及一流的服務。跑馬跑到這檔次，真是人生一大幸福。每每念茲在茲咖啡有無喝到，這重要嗎？還是前面那一句話，今天喝到ㄚ南特別準備的嗎啡。真窩心耶！

馬拉松裡的幸福滋味

　　半夢半醒之間，撐著惺忪的睡眼，往車窗外一瞄。只見眾人往明亮處走去，斗大的霓虹燈閃爍出 7-Eleven。哦，原來是停車借廁所，順便到統一超商轉轉。這一覺睡得可真舒服，一上國道，就不省人事，真是難得。通常凌晨搭車，總是輾轉難眠，太魯閣之旅視之為畏途，是有道理的。伸個懶腰，尾隨眾人腳步，慢慢踱過省道，走進「不可一日無此君」的統一超商。要買什麼呢？繞了一圈，再繞一圈，好像不太需要什麼。正猶豫間，阿華田兄和阿萍姐走了進來，說要買杯咖啡請我。請我？「不記得暖暖的約定嗎，誰贏誰請客。」對吼，誰贏誰請客。就這樣，很不長進地被華萍兩老請了一杯黑咖啡。

　　回車就坐，喝了一口香氣四溢的咖啡，無添加奶精的苦味滑入喉嚨，那是幸福的滋味。望著窗外夜色，神雕俠侶正要橫越過省道，英林兄牽起阿娜達的小手，兩手緊握小心翼翼地走了過來。這就是幸福！就像幾分鐘前，會長先快步過省道後，站在路旁，回眸凝視著正站在省道分隔島上的會長夫人。這也是幸福！

　　大腳丫專車往屏東縣立體育場駛去，如同以往曾發生過的情形一樣，噴射仔這一次又有點小迷路。幸好沒有耽擱過久，換衣、暖身、準備的時間還算充裕。會場設在體育場內，真是明智之舉。體育場不僅寬敞，

場內設施也有一定的水準。再者，場外就是商店街，
與河濱公園相比，便利許多。只是好奇的是，「單車
國道」馬拉松究竟是跑在單車道上（就像桐花杯馬拉
松），還是在國道上（如同國道馬拉松）？

　　清晨六時許，眾多跑友分別聚集在場外道路的兩
頭，原來主辦單位將全馬和半馬（含十公里路跑）分
開，同一時間起跑，卻往不同方向前進。倒是一個避
免互相干擾的好方法。今早的屏東市有點涼意，氣象
預報：晴，攝氏 29 度，希望預報失去準頭，否則大概
又免不了烤成黑炭。不過，自己是有準備的，自行車
袖套加上把臉塗得慘白的防曬油，再戴頂通風的遮陽
帽，大概可以跟黑炭說拜拜。上路前總要訂個目標，
今天，就跑在五小時以內吧！今年的馬拉松時間，大
多以五字頭結束，希望今天可以出現四字頭。

　　起跑前，馬拉松跑友敞開懷地聊著，眾人的臉龐
露出職場上難得的笑容，空氣中瀰漫著一股跑馬的幸
福感。舞台設在大夥後方，不知道辣妹的熱身操跳些
什麼，也不知道致詞的長官說些什麼，只等待鳴槍。
正在恍惚之際，前方已經起跑，原來今天不是鳴槍，
而是鳴笛。跟隨前方跑者腳步，繞著屏東市中心的街
道轉呀轉。紅綠燈不少，值勤員警也多。跑到路口時，
每每加快腳步，不太願意和被交管擋下的民眾來個眼

神交會，那種尷尬喔！兩、三公里後和會長比肩齊步，只是不久後，會長轉個身，消失無蹤影。跑在不知名的街道上，留意著回程的咖啡外帶站。很好，Seven 還蠻多的！

在市中心轉來轉去，有點像台南；出了市中心，鄉村的味道迎面而來，那回在古坑也是這種味道。出產業道路，轉往國道。原來，「單車國道」馬拉松，是跑在國道下的馬路上，偶爾也可跑在單車專用道上。原本與坤堂兄並駕齊驅，邊跑邊聊著馬拉松閒事，離開路旁水站後，卻發現身旁少個他，不知坤堂兄又飆到哪裡去了。一人踽踽獨行，遠方太陽露臉，卻不覺得熱。偶爾涼風吹來，好個舒適的馬拉松！

穿過國道下方道路，往折返點前進，追上坤旺兄，好遠呀，已經跑了 20 公里。接近折返點時，瞧見會長和國華兄擺 pose 拍照，連忙趕上前去，也來個跳跳幫的姿勢。阿華田兄和阿萍姐兩老最近一兩年才迷上馬拉松，一迷不得了，幾乎週週連馬，遠征國內外各大馬。不僅如此，還邊跑邊拍，替眾多跑友留下難忘的身影。兩人攜手參加馬拉松，互相取景拍照，一起跑回終點。幸福吧！

過了 32.5 公里，雙腳不適，坤堂兄再度離我而去，華萍兩老也趁機把我遠遠拋在後頭，又是一人的世界。

太陽已經快到頭頂，但跑在國道下方遮陰處卻是舒適無比。心情是愉悅的，大腿、小腿肌肉卻紛紛抗議，它們說：「練習那麼少，還要我們撐那麼久，抗議啦！」無奈，只得步行。坤旺兄從後追上，肚子不太舒服的他說，我們一起回終點吧！答應了，卻做不到。剩四、五公里時，一跑就抽筋，坤旺兄只好先行而去，又是一人踽踽獨行。

最後三公里，嗯，接連看到多家 Seven，今天的終點線後咖啡香有望。最後兩公里，Seven 的招牌矗立在右邊，要不要現在就買？太早了吧，心裡盤算著。剩最後一公里，開始步行尋找咖啡的蹤跡。天啊，這一公里內什麼都有，就是沒有咖啡。問了店家，看了價目表上的項目，林林總總什麼種茶都有，就是沒有一種飲料叫做咖啡。只好帶著失望的心情，進入體育場。踏上 PU 跑道不久，遠遠看見發哥在終點線前與跑友擊掌，熱情感人。發哥是馬場上的常勝軍，難得的是有一顆激勵後段班跑友的熱心。進入終點拱門，今天的「單車國道」馬拉松最後以 4 小時 51 分 04 秒作收，算是達到預定目標。

取了衣物袋，坐在看台樓梯上休息，回想從凌晨搭車到現在雙腿疲憊、抽筋似發未發的情景。今天的單車國道馬拉松裡，實在充滿著幸福的滋味：

- 搭夜車，睡得安穩
- 被請喝一杯咖啡
- 跑步時，天氣舒適、涼爽
- 太陽露臉發威，國道遮蔭提供庇護
- 青草茶，喝到飽
- 交管警員笑著對你說，加油
- 看見神雕俠侶攜手，笑臉盈盈地歸來，真是執子之手，與子偕老
- 跑後，灌好幾碗味增湯，外場服務阿姨也不吝嗇地添加多回

　　下一站，幸福？其實，幸福也不必等到下一站。這一站的馬拉松，只要細心體會，到處充滿幸福。真是幸福的馬拉松，馬拉松萬歲！

該怎麼說呢?
2011 年高雄馬拉松

　　踏上藍色跑道，終點拱門就在前方不遠處。已經剩不到 30 公尺，後頭跑友一鼓作氣地從旁快步奔過。實在用不著來個最後衝刺，都已經到這步田地，總不會落馬吧！瞄一眼大會時間 4 小時 25 分，踏入感應區那一刻，按下手上的碼表，數字停在 4:24'25"。

　　回到選手休息區，恰巧維承兄要去「刷條碼」，領取成績證明，遂取下自己的號碼布，託維承兄代領。數分鐘後，維承兄空手返回，「號碼刷不出來，無法領取」。喔，待會再試試看吧。也不知過了多久，反正一堆人拿著號碼布走過去，又拿著號碼布走回來，臉上同樣的一號表情：「刷不來，領不到」。

　　自己前去試試看，碰碰運氣！耶，Bingo，帥哥服務人員拿給我一張成績證明，道聲恭喜。瞧一眼比賽成績，大會時間 4 小時 25 分 55 秒，但下一眼差一點跌破我的深度近視眼鏡＊04:17:21。晶片時間竟然與大會時間相差 8 分鐘，和手腕上的卡西歐也相差 7 分鐘！更詭異的是，還有個星號！加上＊這個符號，不就代表時間僅供參考嗎？頓時心中疑問四起，千言萬語不知該怎麼說。

　　台灣的馬拉松比賽，賽道上的交通管制永遠是最大的問題。跑在台北街頭，中山北路各路口機車騎士

的眼光，怎麼看都像成群的利箭，全數往身上招呼。用路人和交管人員發生爭執，也不是什麼新聞，「我們的時間就不是時間ㄡ，給我們先過又怎樣。」於是，跑到路口，能快就快，能讓就讓。早些年的台南古都馬拉松也是如此，「攏是你們這些肖人，吃飽贏贏無代誌做。阮要上班，凍在這裡，也不能走，乾。」

前半程在市區繞呀繞的高雄馬，特點是紅綠燈多得一塌糊塗。喇叭聲、爭吵聲、哨音聲不絕於耳。跑到中山路某個路口，只見一位機車騎士和交管人員爭執後，不顧哨音禁止，吹起衝鋒號，帶頭往前衝。數位跑友頓時呆立在原地，因為兩邊的汽車和機車騎士也一起加足馬力，衝了過來。我卡在機車陣裡進退不得。看著身旁呼嘯而過，噴出廢氣的機械化衝鋒戰士，千言萬語不知該怎麼說。

大腳ㄚ大隊人馬數十人，浩浩蕩蕩往體育場入口走去。此時，距起跑約一個鐘頭。殿尾軍還在前進時，前鋒軍卻已折返，「保全不讓我們進去，要我們從衣物保管處進入體育場。」頓時後軍變前軍。但前軍也遇到阻攔，「你們不可以在這裡，請從別處走，上頭說不可以，這裡要清空。」一秒之後，發哥上前理論，可工作人員也不是「省油的燈」，口舌之戰，你來我往。大軍無奈，呆立於當地。會長趕忙打電話聯繫，

終於從已入場的隊友知道「秘密」入口處。嘿，大腳
丫一條長龍，從遠方看，像一群勤奮的螞蟻急急忙忙
地回到窩巢－選手休息區。聽說高雄馬想學 Okinawa
馬拉松，只是，學得還挺不像的。入口管制進出，衣
物寄放處在場外，終點和選手休息區設於場內，表演
節目在遠遠的另一邊，且無帳棚遮日，此種安排真不
知該怎麼說。

鳴槍起跑，大隊人馬擠在不怎寬敞的馬路上，有
點悶。一會兒，轉入唯一的地下道，更是悶。旁邊車
道的廢氣，人群散發出的體熱，再加上通風不良，簡
直悶到極點。幸好地下道不過百來公尺，瞥見前方出
現天光，真是個解脫。

和劉會長金書邊跑邊聊，突然偉皓兄快馬從旁奔
過。劉會長說，他跑 12 公里的，較晚出發，大概被全
馬和半馬的大隊人馬堵在後頭。12 公里的較晚出發？
怎會，我怎麼看到身旁偶爾出現 12 公里的參賽者？
還以為大家一起出發，快腿已經往前衝，因此路上看
到的都是殿後軍。

還真的如同劉會長說的，一路上都有一些提早出
發的 12 公里跑友往回跑。有幾位大概已經跑了將近
10 公里。最離譜的是在 17 公里處，看到一位 12 公里

的參賽者和負責交管的員警正在比手劃腳。我湊上一句，開玩笑地說「既然都已經跑這麼遠了，不要再回頭，繼續跑，離體育場只剩 4、5 公里。」

偉皓兄回到終點後，對起跑時間和名次有疑問，在隊友的協助下，和裁判「理論」。裁判「嘴硬」，數十分鐘下來，只是浪費唇舌。既然錯了，就一路錯到底。更改，那可要費多大的功夫啊！名次出不來，成績刷不出來，爭議也解決不來，真不知該怎麼說。

其實，這場高雄馬也沒那麼糟糕啦！馬拉松路線經過的國小到高中，大概都被市府「動員」出來，替選手加油。這些大小朋友都挺熱心的，又唱又跳，外帶擊掌。還有一些廟宇也設桌款待路過的參賽者，那情景就像古早年代的奉茶。

最令人感動的應該是跑在梓官區那條不知名的街上。路旁兩邊都是加油人潮，商家住戶自動設水站招呼參賽者，很像每年三月肖媽祖，家家戶戶以茶水熱食歡迎眾信徒一般。連統一超商也出來擺桌設水站，可惜，沒把店裡的咖啡機也拿出來，否則真是賺到。

沒去統計高雄馬的公設和私設水站究竟有多少個。但感覺上，好像是有史以來最多的，多到官方版的和民間版的也分不清楚，只記得一路上都在喝水。

最後一、二公里處更有家商店（店名已忘）不僅自設水站，還在店門口掛上歡迎高雄馬參賽選手的紅布條！民間的熱情對上官方的制度，真不知該怎麼說

　　諸位看官一定會問，「啊，這次有沒有喝到咖啡？」當然有！最後 3、4 公里，敏昌和國鎮兄從後追上，說大慶要去 OK 買飲料，問我是否順便喝杯咖啡。咖啡是一定要的，不過目前只喝 Seven 的咖啡。敏昌兄說，「前方 40 公里里程標示處有家 Seven。」聽罷，加速前進。接近目標時，對交管女警報個微笑，馬上轉入櫃臺要杯小杯冰拿鐵。

　　「先生，冰拿鐵只有中杯，小杯的是熱的。」

　　「熱的？來不及喝，我要小杯冰的。」

　　「我們沒有小杯冰的。」

　　「我只要小杯冰的，價錢你自己算。」

　　「那就給您一杯中的冰拿鐵。」原來大小冷熱是有差的。

　　拿著冰涼咖啡，一旁加油的高中生面露奇怪的表情，「喝了再上」，我的回答。一出門就看見敏昌兄等人飛奔而過，連忙大喊「昌哥，等我」。路旁加油聲蓋過我的呼喊聲，昌哥數人依舊往終點方向飛奔而

去。事後得知，大慶兄買了五罐蠻牛要請客，不見我
的蹤跡後，快步往前追趕曉鶯姐。走在馬拉松的賽道
上，喝著冰咖啡，享受味蕾傳出的苦味。幸福嗎？有
一點，也只有那麼一點，因為接下來的兩個路口都被
警員擋下來，汽機車先過嘛。還好，手裡有一杯咖啡。

當旗隊漸行漸遠時

大腳丫旗隊（照片取自阿華田部落格）

心情真是盪到谷底！轉過第一個折返點後不久，落後旗隊十公尺，右腳背傳來陣陣疼痛，左腳拇指也痛。分部旗從右手換到左手，斜靠在肩膀上。一路不斷試著把手上的分部旗舉正，但斷斷續續舉了 20 公里後，不夠強健的手臂終究無法順心如意。旗子斜靠在肩膀，像是扛槍的士兵，不是勝利前進，而是節節敗退。再撐撐看。

　　落後二十公尺，焦慮感緩慢升起。試著加快腳步，追上旗隊。旗隊在掌旗官劉治昀的帶領下，像一條暢快的飛龍，於紛雜人馬中穩健前進。四周都是散兵游勇，唯獨這一支高舉隊旗的飛龍，像是奮勇攻城掠地的前鋒軍。

　　落後快三十公尺。馬的，右腳背到底在痛些什麼？左腳拇指也不知道在鬧些什麼脾氣？是鞋子出了問題？不會啊，每次上陣都穿這一雙，平均每個月穿一次，有那麼不耐操嗎？還是平時操練不夠，以致於肌肉強度不足？這倒是有可能。不過，劉掌旗官配速穩健，人稱一流，應該不會跟不上才對啊。

　　真的是跟不上！左看右看，無人可換手，因人馬全在前方。「萬寶教授，換我來吧！」這個聲音有如天降甘霖。定睛一看，原來是楊會長基旺，趕忙把分部旗交給他，楊會長遂加快腳步追上旗隊。分部旗易手，負擔減輕，但腳痛依舊，只得緩慢前進。落後旗隊已有百公尺。九支大腳丫旗飄揚在前方，煞是好看。只見旗隊進 25 公里水站取水，心想大好時機，追追看。自己才不過跑了五秒鐘，劉掌旗官帶領的旗隊又出水站去了。唉，這下肯定追不上了。

　　此際，資深組的華萍二老拿著相機遊戲馬場，東拍西照，離我而去是想當然爾之事（已經有多久沒有在阿華田之前回到終點了！）。不久後，坤堂兄和坤旺兄比肩齊步追來，三人同行。坤堂兄今天看起來，狀況好像不怎麼好。坤旺兄獨自前行，我和坤堂兄跑跑走走，但終究還是跟不上坤堂兄。敏昌哥從後追來，「吳老師，今天怎麼了？」怎麼了？這該死的腳背痛！

這座城市的馬拉松已經參加三次，每次都痛腳背。前兩次，直到 35 公里後才發作，沒想到今天從 22 公里就在那邊作怪。

隨風飄揚的旗幟已在遠方，漸行漸遠。看著逐漸消失在視線外的隊旗，猶如注視落下地平線那方的夕陽一般，整個心情就像迎接黑夜的到來，真的是盪到谷底！怎會這樣，一開始還好好的啊？

自從 2006 年有了不愉快的經驗（交管問題）之後，這座城市的馬拉松便成為我的拒絕往來戶。它還是我的初馬耶！

四年後會再參加，不是因為問題已經解決了，而是希望能跟上旗隊，在劉掌旗官的帶領下，於好久不見的 430 回到終點。老實說，這實在是一個不怎麼成材的願望，但在谷底待久了，總希望能翻漲，而旗隊剛好提供一個從谷底攀升的機會，怎能錯過呢？楊會長在大腳丫官網論壇裡號召人馬組旗隊，舉著大腳丫隊旗和各分部旗，浩浩蕩蕩進入終點。讀著楊會長的號召，左思右想，本想隨軍出征，卻又擔心跟不上隊伍。出征前夕，金書副會長來電力邀，說過終點線後，會以現煮咖啡款待等等。好吧！

氣溫攝氏 15 度，阿華田說比去年高了三度。依以往習慣，先找個地方放空。大腳丫大軍集結，往起跑

點開拔。天啊，才只是去找地方小解放一下，耽擱了幾分鐘，沒想到集合場已經烏鴉鴉一片。茫茫人海中，鮮明的旗隊處於前方五十公尺處，於是發揮左鑽右擠、穿隙插縫的本領，卻也只前進二十公尺，就撞上一堵厚厚人牆，困在此地動彈不得。七時整，飆馬部隊先行；過三分，大軍出發。古時曹操率八十萬大軍南下攻打東吳，那種道路壅塞的場面，大概就像今天。費了一番左閃右躲的功夫，終於追上旗隊，報告金書副會長，我來了。

擎著分部旗，在劉掌旗官的帶領下，行於仁愛路，再右轉中山北路。一路上，旗隊鮮明。小禎兄忙著對散兵游勇介紹道，這是大腳丫旗隊，跟著跑可以在 430 回來。華萍二老不時變換速度與角度，為旗隊眾人取景拍照。挑戰初馬的阿梅姐則由黑熊哥一路照護。英林和玎玲形影不離，從頭到尾愛相隨，英林兄還曾客串掌旗手。旗隊遇水站取水，遇美女啦啦隊時，眼尖的則奮勇爭先，搶著擊掌加油；腳慢如我，待搞清楚狀況後，已痛失良機，懊悔不已。

進入北安路，道路狹窄，半馬、全馬全混在一起，擁擠不堪，不似以往於圓山分流般的清爽。這一路跑來，跟著旗隊，偶爾換手，倒也如意。國台語歌不時從泳全兄的隨身聽傳來，腳步配合著節拍，嘴裡、心

裡哼唱著：「我比別人卡認真，我比別人卡打拼…」。
此際，春宏和柏青等革命軍人從後趕來，陸續加入，
隊伍更形雄壯。

接近快速道路時，全馬、半馬開始分流，全馬人
數頓時少了許多。兩條長長人龍分別奔馳於道路上，
煞是壯觀。上快速道路，右腳略微不適，右足背隱隱
作痛。柏青左手擎著分部旗，右手拿相機，忽前忽後、
忽左忽右為大夥拍照。甚至還藝高人膽大地躍上路中
分隔柵欄，大吼一聲：「照過來！」

進入市民大道，迎面而來的是飆馬與先鋒隊伍。
見到大腳ㄚ快腿隊友從遠處奔來，會長會先報來人姓
名，待擦身而過之際，每每高舉隊旗，大喊加油。經
過（好像是二十公里的）感應區，只見黑熊哥重新再
繞行感應區一次，原來是黑熊哥專心看顧初馬的阿梅
姐，卻忘了必須通過感應區。

台鐵車站出現在左前方，第一個折返點接近了。
手上的分部旗有點重，索性扛在肩膀上。通過折返點，
馬的，足背痛的感覺越來越明顯，忍著。前行不遠，
大隊人馬鑼鼓喧天迎面而來，原來是麗山吳老爺的馬
場兩百大壽。這一祝壽隊伍旗海飄揚，黑壓壓一片，
數不清究竟有多少人，腦中立即浮起令狐沖率領數千
武林豪傑，前往河南少室山迎接聖姑任盈盈的場景。

大腳丫旗隊與祝壽隊伍兩軍交接時，那情景只能用喊天震地來形容。

　　一陣熱鬧翻騰過後，已經落後旗隊有一點距離了。楊會長適時將分部旗接了過去，身上的負擔隨即減輕些，但卻消除不了右足背的疼痛；更糟的是，左腳拇指也跑來湊熱鬧。旗隊漸行漸遠，最終消失在視線之外，落寞的心情可想而知。資深組的華萍二老、坤堂和坤旺，以及昌哥也都快步離去，剩下我一人踽踽前行。不知名的跑友雖陸續從身邊經過，但一人獨行就像行走於天蒼蒼，野茫茫的曠野。

　　跑，走、走、跑。接近快速道路下的水站時，背後傳來震天響的呼喊聲，吳老爺祝壽隊伍以大軍壓陣之姿從旁經過。這一隊伍進入水站，工作人員忙得不可開交；吃飽喝足續行，水站頓時冷清許多。簡易醫療處已有數位跑友或坐、或躺在該處休息。取水之後，也到該處鬆開鞋帶，試圖讓足背舒服一些。該躺在這裡休息嗎，或隨手招部裁判機車，坐回會場？還是繼續往前走吧！

　　出了水站，瞥見祝壽隊伍正行走於在前方一百公尺處，機不可失，跑上去，跟跟看。跑不到三十公尺，放棄跟上隊伍的念頭。裁判機車一部部地往會場方向駛去，後座載著一個個放棄的跑友。招部機車吧，這

樣腳會舒服一點，再撐下去好像也沒什麼意義！腦中不時閃過這個念頭，兩腿卻依舊往前行。腿和腦的戰爭，念頭與現實的對抗。永不放棄或當下立斷？

挺到三十公里感應區，跨過之後，往路旁一坐，不跑了。終究是念頭戰勝意志力，不，是意志力早就消失無蹤，只剩下「坐或不坐」的抉擇。最終還是坐了下來。同樣坐在路旁的年輕人開口說，腳底板痛，想放棄卻又不想坐機車回會場，怎麼辦？怎麼辦？走回去啊！怎麼走，下橋叫部車？叫車？來，我們一起走回會場。於是兩人起身，不再往前續行，而是走向回程路。放棄的感覺很怪，做出決定後，心裡立時輕鬆許多，不再糾葛於「跑或不跑」；但又會盤算，剩下十二公里，還有兩小時，應該走得完。

兩人邊走邊聊，過了水站，看到北埔國小隊伍整齊，步伐一致，往第二個折返點邁進。這一隊伍，身高參差不齊，身上的綠背心倒是異常顯目。聽說裡頭有個六歲的娃兒也來挑戰人生初馬。我的天啊，倒不是我輸給這個毛頭小子，而是六歲就來跑馬，那十歲時，是不是就可以塞把步槍，訓練訓練，然後送上戰場？六歲跑馬，這有什麼意義呢？

走下快速道路，快腿部隊紛紛從旁經過，阿桂、一彰都曾照面打招呼。「唉，我不跑了」，真實的回

答。取下號碼布，上天橋，經過市府捷運站，回到會場，忿忿地把號碼布丟進垃圾桶。換回押金，本想領個便當，志工提醒要出示號碼布。號碼布？已經被我丟進垃圾桶，算了。回到休息區，張進昇兄笑笑地說，「吳老師，今天跑很快喔。」對啊，跑完了，不過還欠它十二公里。拿了衣物袋，想找個角落安靜一下。會場到處都是人，無處可落腳，最後在北市府大門旁覓得方寸之地。跑後例行公事，打電話回家、換鞋、換衣、喝水，如同往常依序進行。

會場舞台上，不知名的樂團正在嘶吼著。北市府大門位於舞台正後方，音箱傳來陣陣有如雷鳴的節拍，每一拍恰好擊打在心臟上，彷彿訴說著：「心臟還夠強啊，為什麼要放棄？」對啊，為什麼要放棄？腦海裡響起德國「銀月」（Silbermond）樂團女主唱史蒂芬妮克羅斯（Stefanie Kloß）帶點嘶吼的搖滾樂聲，唱著：「Gib nicht auf. Du bist gleich da. Und dann vergisst du das was vorher war. Du bist gleich da. Du bist gleich da. Am Ort, wo vor dir keiner war. Halte durch. Du bist ganz nah. Und dann vergisst du das was vorher war...」（不要放棄／你馬上就要到達／然後就會忘記先前的事／你馬上就要到達／你馬上就要到達一個沒人到過的地方／堅持下去／你非常接近了／然後就會忘記先前的事…）。

是啊，不要放棄，堅持下去，你就會抵達終點。
馬拉松的起點到終點是個圓，只是這一次我終究沒有
畫一個圓。

後記

　　德國「銀月」樂團成立於 1998 年，得過多次音樂大獎。
圓的終點（Das Ende vom Kreis）這首歌像極了馬拉松。歌
詞的中文翻譯不盡理想，請多包涵。

Das Ende vom Kreis	圓的終點
Gib nicht auf Du bist gleich da Und dann vergisst du das was vorher war Du bist gleich da Du bist gleich da Am Ort, wo vor dir keiner war	不要放棄 你馬上就要到達 然後就會忘記先前的事 你馬上就要到達 你馬上就要到達 一個沒人到過的地方
Halte durch Du bist ganz nah Und dann vergisst du das was vorher war	堅持下去 你非常接近了 然後就會忘記先前的事
(Refrain) Und nichts hält dich auf Nichts bringt dich zum stehn Denn du bist hier, um bis ans Ende zu gehn Kein Weg ist zu lang	 沒有什麼可以阻止你 沒有什麼會停下你 因為你在這裡，是為了要 到達終點

Kein Weg ist zu weit
Denn du glaubst an jeden Schritt,
weil du weißt

沒有一條路是無止盡的
沒有一條路是過於遙遠的
因為你相信每一個步伐，
因為你知道

Irgendwann schließt sich der Kreis
Irgendwann schließt sich der Kreis

圓圈終究是連接的
圓圈終究是連接的

Halte durch
Bleib jetzt nicht stehn
Das Ziel ist dort im Nebel schon
zu sehn

堅持下去
此刻不要停下來
目標就在那邊，迷濛之間
可見

Kannst du es sehn
Kannst du es sehn
Das Ende ist kaum noch zu
verfehln

你可以看見它
你可以看見它
是不會錯過終點的

一場沒有咖啡的馬拉松
—記暖暖

　　「路上開車，遇到一隻狗站在路中央，猜一種飲料」，政德前輩要大夥猜猜看。男子七八人有點安靜，只傳來雙腳前後觸地的聲音，沒人說出答案。可能大夥都有點年紀，不是想不起來，就是壓根兒沒聽過這個冷謎題。「咖嗶啦！（台語發音）」政德前輩笑著說。「還有，如果是你開車，看到對向車子遇到狗呢？」「伯郎咖嗶（也是台語發音）」。「如果狗都不走呢？」，「麥是得咖嗶（還是要台語發音）」。山谷中迴盪著政德前輩一連串的「咖嗶」答案，大夥的笑聲是爽朗的，只是惹得人有點淡淡的咖啡鄉愁。

　　山路蜿蜒，路旁熱心的大會工作伙伴，指著遠方的山頂說，要攻上那上頭。「安捏哪」，對，就是「安捏哪」，台語發音如果不正確，可能失之千里。彎來繞去，切進產業道路，原來不是到山頂稜線，而是在山腰進行沒什麼觀眾的繞圈賽。說是山腰，可也是起起伏伏的山路唷。

　　一聽到山路，應該是打退堂鼓，坐在家裡翹腳吹冷氣的。每回碰到山路，不只是跑得 2266 而已。但這回會到暖暖，一來它是首屆舉辦，二來每次的馬拉松比賽就像個大家族聚會，從愛買等大腳丫專車開始，鳴槍前的寒暄，賽後的砍大山，直到愛買下車回家為止，這整個過程充滿親友相認、互相取暖、互道加油

兼打氣。有哪一種活動能和馬拉松賽會相比？不過，還是得面對要跑山路的現實。那好，就以「跑」完全程為目標。

「跑」完全程，其實也不是什麼有志氣的目標。只是自年初的墾丁馬以來，步行越來越成為跑馬拉松過程的一部份。

說到用走的，日本的馬拉松名將宮原美佐子（最佳成績 2H29'37"）曾說，「原則上，步行或停下來是允許的行為，但以馬拉松跑者的立場而言，這些人都失去資格。」這也太嚴格了吧！還好，德國馬拉松名將格凌尼西（Martin Gruening 最佳成績 2H13'30"）認可馬拉松裡的步行。因為馬拉松越來越普及後，無法像頂尖選手一般，要求平凡大眾奮力「跑」完全程。格凌尼西認為，不要等到跑不動才用走的，應該要把「步行」嵌進跑步裡，如每五公里走兩分鐘，而且要練習。如此才不會精疲力盡地抵達終點，且當下發出「不再跑馬拉松」的重誓！原來，走路還要練習。沒練習的結果是，每每到了後半程，「跑帶走」很快地就變成「走帶跑」，就像老美老是抱怨夏威夷馬拉松裡大批日本參賽者一樣：「他們都用走的！」

山路繞三圈，著實有點無聊。幸好風景實在美得不得了，基隆山、基隆嶼海邊風情盡收眼底；大會的

工作人員更是熱情得不像話，拿著小聲公一一唱著跑者的名字、喊到沙啞的加油聲、怕參賽選手吃喝不飽的滿桌補給品。唉呀，這樣搞下去，雖是造福參賽者，但以後的主辦單位恐怕要大傷腦筋，得在補給品上出奇招。

其實這場暖暖馬拉松，是一場舒服的馬拉松，就像地名所帶來的暖意一樣。熱情兼熱心的大會工作人員、優美的風景、順利的交管、琳瑯滿目的吃喝、眾多互道加油、打氣的參賽者，以及可聽到前輩們的諄諄之言（如會長不能跑太快，會長是給會友超車用的），誰說跑馬是項自虐的事業呢？

山路蜿蜒繞圈，總有繞完，與工作人員互道再見的一刻。離開產業道路的最後一個上坡，實在跑不動，只好步行。之後，一路下坡到終點。進拱門前，還有個小上坡，又走了一段。最終時間未能保四，且也沒有「跑」完全程。想想，若再這樣下去，會長的四小時三十分鐘的百馬陪跑，恐怕就得自己落單，且遠落在集團之後。

領了便當，回到帳棚區，拿了大腳丫專有的綠色衣物袋，蹣跚走到公園石椅，換衣吃飯。當然啦，嘴巴肯定是戀著咖啡的，心裡卻想著要如何保四？參加「中興幫」，每週三在中興大學，繞著操場，一圈一圈

地衝？或者到新近開張的「逢甲幫」，每週二、四也是繞操場，衝過來又衝過去？或者到「霞飛幫」，跑大坑？那「華山幫」如何？還是最近有點起色的「139 線幫」？

　　想過來，想過去。「中興幫」適合 30 歲以下，「逢甲幫」符合 30 到 35 歲。「霞飛幫」和「華山幫」只聽聞名聲，不知底蘊。「139 線幫」，嗯，似乎不錯，但楊會長、金書副會長、烏日誠哥好像是固定成員，那速度肯定是我趕不上的（看看烏日誠哥那驚人的進步幅度）。對了，還有「丫南幫」，可是從分部年度團訓記錄看來，他們操太兇了，也不是我有能力吃下的菜。看來看去，最後只剩下以東海大學為訓練場地的東海幫。

　　東海目前有兩幫，一幫姑且稱為「日日春幫」，每日早上約五點到六點半，繞東海一大圈，平均年齡有五十歲以上，固定成員五六名。另一幫是「週末悠閒幫」，以接力賽的路線為主，繞個一兩圈，平均年齡 45 歲上下（或者更年輕一些），每週末集會，成員約七八名。好吧，東海幫是可以考慮的，一來是離家不遠，二來是年紀相近，那要參加哪一幫呢？正猶豫不決的時候，四處閒逛的隊友走過來對我說，幫你勘查過地形地勢，這裡沒有賣咖啡。唉呀，多麼令人「失望」的好意。

今天果真是一場沒有咖啡的馬拉松？才不是呢！儘管腿傷，還是力撐全程的梘木兄塞了一罐罐裝咖啡請我，真是感人。大腳丫大掌櫃麗娟小姐特地泡杯咖啡請我，盛情難卻。難怪賽前一再放出煙幕彈的敏昌副會長，跑了十公里後，竟然快步揚長而去，一點都不像自稱的「腳腫痛」，原來是要急著回到終點線後，享受阿娜達親手調製的賽後咖啡香。嗯，以後大概也要央求老婆大人同行，泡杯咖啡，在終點線後等著。或許如此一來，會跑得快一些也說不定。至於「丫南幫」、「中興幫」、「逢甲幫」、「霞飛幫」、「華山幫」、「139線幫」、「東海幫」，乃至消失江湖許久的「跳跳幫」，以後再說吧！

後記

1. 宮原美佐子，日本人，1962 年生，係 1980 年代的馬拉松名將。宮原小姐監修的「由慢跑進馬拉松」一書由聯廣圖書公司出版（2001 年版）。

2. 格凌尼西（Martin Gruening），德國人，1962 年生。1980 年代中至 1990 年代中為德國馬拉松頂尖好手。1990 年在休士頓馬拉松創下個人最佳成績，目前為「跑者世界」雜誌的編輯。退出馬拉松戰場後，常推著嬰兒車在慕尼黑伊薩河畔慢跑。

中寮山跑馬
－2008 年的夏天

　　江湖傳言，「南中寮　北三峽」並列為台灣 50 公里級的兩大超難馬拉松。

　　難，不在距離，而在望不到盡頭的上坡路。那一句傳言，經四處探訪，原來是出自大腳丫葉孫能之口；再經「嚴加烤問」，根本就是葉叔叔用來唬初馬者的。不過，葉叔叔也沒有胡說，中寮山夏日超馬的確不簡單。不簡單，除了上坡路之外，還在「夏」日這個「夏」字。它可不是北海道的夏天，也不是北極的夏日，而是高雄的夏日。去過陸軍步校受訓的阿兵哥都知道「步校三寶」：蚊子、夏日、含羞草。鳳山、中寮山都是山，所以嘍，中寮豔陽天絕對是令人難忘的考驗。

　　話說八月三日早晨，數百位（正式報名共 486 位）全台各地禁不起腦內啡誘惑、且已經放一個長暑假，腳已經癢得不耐煩的馬拉松愛好者，齊聚在中寮山昊天宮山門前，等待槍聲響起，為下半年的馬拉松季揭開熱鬧的序幕。不過，看官們等一下，先把槍響按下不表，時間往前挪一點，先來個會場巡禮。

　　與去年相比，本屆賽事有三大特點。首先，路線標示清楚，且公里數直接噴在路面上，要人找不著、看不到都很難。其次，參賽跑友的大名和編號印在帆布上，就掛在山門旁，讓人一進山門就領受到主辦單位的用心。最後，也是最重要的（當然，對大部分的

男性跑友來說），就是主辦單位設立「野戰淋浴」設施。跑完後，還可沖個澡。當然啦，主辦單位的其他服務一樣是五星級的，令人不禁回想起大甲和新竹，嗚拉拉，一樣是那麼多錢，服務怎麼天差地遠。

回到起跑線。大腳丫吳會長，連同超馬女王邱淑容小姐在內共四、五位貴賓，手持那個什麼槍，上舉，呈四十五度；盡責的司儀蕭會長帶領眾跑友，一起倒數，五、四、三、二、一。槍聲響起，眾跑友魚貫邁出腳步，出山門，往左沿路而下。中寮山夏日超級馬拉松開跑嘍。

山路蜿蜒，往下望，整條路都是跑友身影，化成一條人龍。再往遠處眺望，國道高速公路也像一條長龍，從朦朧處迆灑而來，穿過寸草不生的月世界，消失在我們的腳底下。再往更高的天空望去，有點霧，日頭還沒有露臉。如果太陽今天不想露臉，那可就賺到嘍。不過，老天可常常不從人願啊。

三、四公里後，右轉進入較低地區，路旁民房庭前有幾位小妹妹為跑友加油打氣。再往前一點，社區的阿公和阿媽已經自行架設水站，在路旁等候。看到這一幕，真令人感動，那就是古早時代的「請奉茶」！

沿著山間小路三轉、四轉，不管它轉到哪裡去，反正就跟著主辦單位標示清楚的箭頭就對了。穿過高

速公路涵洞，過了田寮橋，在田寮國小前，星星兒之家自設供水站。原本跑友在網路上呼籲捐贈毛巾給星星兒之家，但可能是未能廣為宣傳，很多人並不知道有這麼樣的一件美事可做。過田寮國小不久，一家雜貨小店的老闆也開設水站，有喝，也有得沖。過了這些民家後，就是望不見盡頭的上坡路，其間還是有短下坡，可供跑友舒舒腳筋。

14 公里處的「崑山宮」是去年落馬的地方。第一圈到這裡時，想起去年情景，真是一年容易又夏天。過崑山宮，有點小上坡，之後就一路下嘍。只是下坡容易，上坡難，對面過來的，有一半是用走的。沿途與數名隊友打照面，王柏青還是和往常一樣瀟灑地為迎面而來的隊友照相。過了信物站，百公尺後就是上坡路，七、八公里長的上坡路！上坡，一路無話，除了埋頭苦幹之外，就是渴望有一雙有勁的鋼腿。值得一提的是，距最後一個水站前約三百公尺處，有一位可愛的阿伯，拿著水管幫跑者降溫，還提供杯水。南部人真熱情。

第一圈耗時 3 小時又 4 分，比去年慢兩分鐘。阿達問，怎麼樣，還可以嗎？還可以啦，繼續往第二圈邁進。第二圈，景色當然依舊，只是「人事已非」，真的是「人事已非」。不要誤解我的意思。「人事已非」

不是路旁加油的妹妹、阿公、阿媽因為太熱而回家，而是加油的人變得更多。不僅如此，星星兒之家的小朋友也站在路旁和經過的跑友擊掌加油。唉呀，只能說南部人真熱情。這份熱情，幸好沒有沾染到太陽公公太多。不然，熱上加熱，那就有得瞧。

又到了「崑山宮」，看錶，5 小時 14 分，比去年快約 30 分鐘。心想，應該可以在 7 小時之內抵達終點。水站的工作人員真熱情，飲料、香蕉不在話下，還有人工沖水，冰涼降溫。離開去年落馬處，剩下的 11 公里用了 110 分鐘，等於每公里 10 分鐘。從取了信物之後，幾乎都用走的，只怪當年不是當步兵，缺少磨練，否則走路也可以走快一點。

艱苦磨難後，終於越過終點線，拍了一張「勝利照」，直接到帳棚區休息。這時，瞥見葉叔叔已經在沖涼水，哇，真是不可思議，難怪一路上都看不到他的身影。聽說，他還曾經「領先」洪國欽三公里，三公里！大腳丫眾百跑友中，能領先洪國欽三公里的人，恐怕用一隻手就可以數得出來吧。只是，只是，也就這三公里。難怪楊總常叮嚀葉叔叔：慢慢來，跑得快。

回來的跑者，會場提供鹹粥、冰品、綠豆、仙草等，消暑解飢的食物。當然，可以沖個涼水，更是夏日跑馬後的奢侈享受。一拐一拐地走去服務處領成績

證明，服務的小姐竟然是超馬女王丘小姐。七月的天下雜誌發行一份特刊，裡面就有丘小姐的跑步經，有興趣的跑友不妨讀一讀。

　　回程的車上，隊友七嘴八舌亂聊一通。可以特別記上一筆的是阿珍。原本第一圈後就想放棄的她，接受不知名人士的冰鎮運動飲料招待後，竟一鼓作氣跑完第二圈。50 公里的山路，用了 6 小時 30 分。這可比我（們）厲害多了。在車上跟阿珍建議，請古明政教練開張菜單，用 4 個月的時間，在年底的 ING 跑進 4 小時內。看起來一臉躍躍欲試的樣子，阿珍，加油。

　　星期二，下午，坐在電腦前，寫（打，其實是敲或者按）「中寮山跑馬」。兩條腿還有點酸，走路的姿勢不太正常，下樓梯有點難。不過，應該比王建民好多了，他現在最大的希望是：走路。走路？走路有什麼稀奇的？能走是沒什麼稀奇，就怕想走點路，竟然邁不動雙腿！

　　不受傷，才有馬可以跑。有馬可跑的日子，是哪種日子呢？你知道答案的！

日本北海道薩羅馬湖
超馬戰紀

一

「超馬就是吃和喝的比賽,再加上一點運動與看風景」,麥克杜格爾(天生就會跑,頁351)。

二

一篇馬拉松心得感想,大概只要三到四頁就可以。長了,會變得無趣;若比長更長,則會令人生厭,寫那麼長做甚麼?尤其是在圖片與影像盛行的時代,長落落的文字引發不出往下讀的興趣,除非是村上春樹的馬拉松。老實說,這一篇感想也真的寫得太長了。原本只想寫短篇的就好,沒想到一開始寫,就停不下來,只好一直寫下去。

這篇感想文真的太長了,如果看到這裡,想要打住,不想往下繼續讀,那麼上網找找大腳丫長跑協會阿華田、小語、小江副總、柏青哥、麻辣麵等一竿子愛馬人的相簿部落格,相信你可以大概了解這篇戰紀在說些甚麼。如果那些加起來可能一兩千張的相片,還無法滿足你那似無底洞的好奇心,那麼就往下讀吧。文章很長,因此,開頭也要拉得遠一點,就以羅馬獨裁者凱薩(Gaius Iulius Caesar BC 100-44)為起點吧。

三

　　西元前 47 年 5 月 27 日，凱薩的羅馬軍團僅用了
四小時的時間，就在哲勒（Zela，今日土耳其齊勒 Zile)
擊敗 Pharnaces II 國王的部隊。在凱旋之路上，一塊盾
牌上刻著三個拉丁文「Veni, vidi, vici」（我來、我見、
我征服），藉此凱薩想展現出，他是多麼輕易、快速，
以及毀滅性地擊敗 Pharnaces II。當然，用這三個各有
兩音節的拉丁文來比喻薩羅馬湖超馬，是有點不倫不
類。但，如果把它改成，「我來　我見　我完成」，或
許可以說說這一場既期待又怕受傷害的超馬。

　　那麼就從「我來」說起。

四

　　其實，薩羅馬湖超馬已略有耳聞，會裡傳男兄、
大修兄、再乾兄等馬場老將都已經歷過那一個聞名遐
邇的 100 公里。尤其是傳男兄，不僅熱中跑馬，且極
力促進台日兩方的跑馬情誼。透過他的牽引，國內跑
者在日本各大馬拉松賽場皆留下美麗的足跡，去日本
跑馬已經成為國內跑馬愛好者必遊的聖地。

　　2011 年 1 月 18 日，大腳丫網站的論壇上出現徵
召前往薩羅馬湖超馬的勇士（或者還覺得跑得不夠多
的瘋子？）：

組隊背景：去年的千歲馬拉松大家玩的非常盡興、回程的飛機上，記得對大家的承諾今年一定要再組隊參加、最近跟我們可愛的領隊：張智軫小姐討論結果、以及一些會員要求、希望能夠參加SAROMA 湖 100km 超馬賽、所以最終就決定參加該場賽事。

帖子一出，會內各方人馬奔相走告。三分鐘後再乾兄拔得頭籌，與夫人成為第一對登記的佳偶。原本此次賽事，會內設定只報名 50 公里組，但禁不住眾多好漢的遊說，楊總終於首肯開放 100 公里組報名，且最後連他自己也被眾人慫恿，首度參加 100 公里馬拉松。

我自己起先只是旁觀，每日不時上網注意報名人數。1 月 22 日，名額剩下 18 個；隔天剩 13；再隔天（24 日），紅色的大字提醒著剩 9 個名額，欲報從速。一路看到這裡，心想實在不能再觀望下去，先報名再說。再者，坤堂兄一再遊說，希望可以一起去北海道跑馬。4 個鐘頭後，額滿關門。

網路報名簡單，要通過家裡老婆大人和小朋友那一關，老實說是有點難。尤其是 2008 年祈福 100 公里後，感冒連咳三個月，一直都無法痊癒。耳鼻喉科陳醫師雙手一攤，要我去醫院照胸部 X 光。照完，醫院

醫師看著 X 光片，也是雙手一攤，莫宰羊。從此只能跑 50 公里以下的馬拉松。這一次報名有先斬後奏的味道，但還是得讓家裡人知道。

　　溫馨的晚餐時光。「我已經報名北海道超馬」：我說。女兒問：「你要去跑 50 公里的？」「你老爸是去跑 100 公里，他說超馬，你沒聽出來？」老婆大人回了這一句後，一口接著一口地吃飯。兒子則是默不作聲。這種氣氛，還是不要發聲才好。其實老婆大人是為咱家的健康著想，但沒跑過馬拉松的人永遠無法體會為什麼我們對馬松會瘋狂到幾近「自虐」。不久後，國內出現關山 100 馬。禁不住阿華田的慫恿呼喚，一時沖昏頭也報名。

　　又是晚餐時刻。「我報名關山 100 公里超馬」：我說。女兒說：「把拔，你要跑兩個 100 公里的，不會太多嗎？兩個選一個就好了。」老婆大人看了看，說：「兩個選一個」。就這樣，北海道超馬至此塵埃落定，關山超馬則留給阿華田和阿萍姐享受去。薩羅馬湖，我來了。來，總得要有些準備。

五

　　從 1 月 24 日報名到 6 月 26 日比賽日止共約 22 週，為了能夠順利完成 100 公里超馬，除了上網蒐集

相關資料外，還擬定一個 22 週的計畫。說是計畫，其實只是個 22 週的路跑紀錄，並非是什麼練習課表。計畫裡有兩次長跑，希望能夠跑上兩次 60 公里（或 6 小時），每週的跑量希望可達 100 公里或 10 小時。計畫擬定後，就應「按表操課」，但我從來就沒有達到預定的目標。沒有任何一周跑超過 10 小時，甚至有好幾週的跑量從一小時多到三小時不等。兩次長跑，一次只跑了 5 小時；另一次更慘，4 小時 40 分就鳴金收兵。因老婆大人在暨南大學兼課，故我選暨南的校園作為練習長跑的場地。暨大校園一圈約 5 公里多，同時多處又有樹蔭，校園內有家統一超商，車又少，是個頗為理想的練習場地。但兩次練習下來，都敗給炙熱的太陽。原本以為暨大位於山區，氣溫應較平地為低，沒想到太陽一露臉，溫度頓時升高，中午時分可以把人給烤焦。

還有，小江教練為關山馬，號召兩次長跑練習，但這兩次我皆無緣與會。楊總、敏昌兄也準備溪頭長跑之旅，可惜是在我跑完暨南的隔天，是無力與會。沒有參加會裡的三次長跑練習，總是影響對薩羅馬湖的信心。

國內有關超馬訓練的資料不多，十八尖山阿財哥部落格提供的超馬訓練參考資料可說是欲跑超馬者必

參考的資料。[1]儘管因過於疏懶而沒有按表操課，光看網站提供的超馬練習資料都會覺得很過癮。另外，大修的部落格也提供個人的六週訓練課表。看大修的每日和每週跑量，滷肉腳如我者，做不到就是做不到。雖是如此，上網看看，偶爾交換點意見，也可消弭一些憂慮。[2]

　　22 週的訓練計畫，總共跑了多少小時？稍微統計一下，共跑了 132 小時又 15 分鐘，平均下來，每週只花 6 小時在跑步上。換算成公里數，寬鬆計算，大約只有 60 公里。每週只跑 60 公里，還可應付應付 42.195 公里的馬拉松，但有能力完 100 公里的超馬嗎？焦慮感油然而生，且離 6 月 26 號的日子越近，落馬的擔憂越來越強。

　　跑步的量明顯不足，但裝備卻不可輕忽。簡單講，兵雖不強，但馬總得要壯吧。該準備些什麼呢？左看資料，右聽建議，就從擬定作戰表開始。這一招是從郭居恆老師那裡學來的。2008 年祈福 100，郭老師製作一張小巧精美，外加複貝的時間表給我參考。時間表打兩個洞，用小紅繩串起來，綁在手腕上，每 10 公

---

[1] 另可參閱 http://tw.myblog.yahoo.com/jw!MlRMj.mTHhMhhX_KEf9b8OY-/article?mid=3465&prev=3478&next=3426)

[2] 後來得知，大修課表上的練習量是大修和楊總兩人訓練課表的結合體，難怪量大得驚人。

里隨時檢查自己的配速。可惜那時因經驗不足，只想趕快跑回終點，毫無配速的概念，時間表並沒有多大幫助。

根據薩羅馬湖超馬的七道關門時間，自己製作一張 12 小時 50 分完成 100 公里超馬的配速表：

里程	Local Time	累計	Lap	里程	Local Time	累計	Lap
21K	07:15	2h15	2h15	70K	13:35	8h35	1h15
42K	09:40	4h40	2h25	80K	14:55	9h55	1h20
50K	10:50	5h50	1h10	90K	16:20	11h20	1h25
60K	12:20	7h20	1h15+15	100K	17:50	12h50	1h30

幾點說明：

1. 累計時間是完成里程數的最遲時間，如 50 公里必須在 5 小時 50 分內完成。

2. 54 公里處，大會設有休息站，該站預計停留最多 15 分鐘。

3. Lap 是依據大會提供的關門時間參考表，所設定的每公里配速時間。50 公里後，隨著體力下降，每公里所花的時間隨之增多，如 70 到 80 公里，每公里配 8 分鐘；最後 10 公里，預計每公里配 9 分鐘。

　　如果可以按表操課，一切順利的話，肯定是可以完成的。這張配速表需要特別注意的地方是在 80 公里處，因為 80 公里的大會關門時間是當地時間 15:00，配速表定 14:55 通過，距關門時間只剩 5 分鐘。如果 80 公里之前延遲過多，這一關恐怕會過得驚險。

　　這張配速表寫在一張名片上，並用證件套裝起來，放在嘉義老爺盃馬拉松送的隨身包裡。這一個不大不小的腰包相當好用，裡頭還準備放能量包、小瓶凡士林、防曬乳、近視專用的外掛太陽鏡片、小包面紙，還有兩千日圓，準備用來喝咖啡的。原本想帶 MP3，以備 50 公里後疲憊時提振精神用，考慮再三，還是把它留在家裡。

　　大會在 54 公里處設有休息站，提供飲食、換衣鞋的服務。到底要不要換衣服和鞋子？如果要，那麼要換什麼樣的衣服和鞋子。這個問題想了很久，也四處打聽老鳥的經驗。大致說來，有以下幾點：

1. 名列前茅型：都不用，跑就對了。

2. 老鳥型：可以準備，但如果跑得很順，就不要換，免得越換越糟糕。

3. 謹慎型：應該要準備，且鞋子要大半號，因 50 公里後，腳會略為腫大。

　　最後決定在 54 公里休息處，換上鞋子和跑步衣褲，也會把擦勞滅放在那裡，以備不時之需。

　　最後的問題是，當天要穿什麼跑？短褲或長褲？背心或 T-Shirt？要不要戴帽子？那袖套呢？舊鞋還是新鞋（出發前一個星期，還跑去買一雙新跑鞋，只跑過一次就準備穿它上陣？）。這些問題真的困擾著我，因為參加的是 100 公里，更因為地點在北海道，氣溫通常比台灣低很多。面對這些「小」問題，左思右想，也想不出個所以然來，乾脆全帶去北海道，看情形隨機應變。還有一個小考慮：要不要帶著相機跑？思考再三，還是以跑步為重，免得因取景而延誤時間，被關在門外，那可划不來。更何況又沒有阿華田邊跑邊拍邊玩的本事，還是專注在跑步上。好啦，該準備的應該都已經準備了，如果還有不足，也只好看著辦。

六

　　6 月 24 日早晨四點，準時被鬧鐘叫起床。盥洗後，整裝前往中港路愛買集合。四點起床搭車，其實已經算是恩惠了，往常都是兩三點起床，再去愛買搭會裡的專車，前往南北二路的各大馬場。和上次沖繩馬拉松一樣，這次也是老婆大人起個大早，專程載我去愛買搭車。會裡的專車從興大出發，沿途停靠烏日、愛買、豐原和苗栗，然後一路駛往桃園機場。

在愛買集合時，每個人的臉上洋溢著興奮的表情，言談間卻透露些許不安。話題都集中 6 月 21 日到 23 日會裡的留言版上的留言。從 21 日軒豪的祝福與楊總的「一個都不能落馬」的回應算起，一直到 23 日大修的小雨衣叮嚀為止，一共有 18 則與薩羅馬湖有關的留言。留言的主旨圍繞在如何才能跑完 100 公里，當然，也夾雜著落馬（或者跑輸大修）都要往湖裡跳的瘋言瘋語。

集合時間到，車也來了，怎不見秘書長？眾人左等右等，還不見他出現，乾脆把車開往他家，直接在門口堵人。幾分鐘後，果然在門口接到秘書長，原來是前晚有應酬，耽擱了一些時間。豐原、苗栗陸續有隊友上車，但因安全逃生緣故，遊覽車拆掉靠逃生門的兩個座位，致使最後上車的華萍二老無位可坐，阿華田只得坐在後排的台階上。

在駛往機場的路途中，楊總致歡迎詞，導遊智軨小姐則交代旅遊注意事項。敏昌副總卻與眾不同地當起「賣鹽昌」，大力推銷沖繩產品馬拉松專用鹽。該鹽號稱可以補這個，也可以補那個，總之是跑馬者的必備良品，傳男兄極力推薦，會裡多人也已紛紛訂購。說完，敏昌副總隨即每人分發兩包，就當作體驗用。

　　車上眾人嘻哈說笑間，不知不覺已抵達桃園機場。在智軫小姐的安排下，大夥順利辦理出關手續。8 點 40 分，華航 CI 130 班機搭載一行 47 人前往日本北海道千歲機場。

七

　　日本，去過三次；北海道，在電視上看過 N 次，北海道巨型牛奶麵包吃過一次，實際上是從未到過。聽說，風景很漂亮，尤其是薰衣草盛開的季節，簡直美得不像話。當飛機安全降落，滑行，停機時，心情是興奮的。走出空橋，抬頭一看，寫著「到着」的指示牌竟然有五種語言，分別是英文（列於日文下方）、簡體中文、正體中文、韓文，以及俄文。俄文？不清楚為什麼北海道千歲機場的指示牌會寫上俄文，和北方四島有關嗎？或許吧！

　　大夥陸續出關，極像第一次出門遠足的小朋友，東看西瞧，拿起相機左拍右拍。有人走遠了，要集合還真不容易。拖著行李，走出機場，迎面而來的是陣陣涼風，不是那種盛夏解熱的涼風，而是會讓人想穿上外套的涼風。車出千歲機場，去年跑過千歲馬拉松的會友們，以過來人的口吻說著，「這裡我們有來過，那裡我們有去過，這邊是千歲馬拉松的起跑點，然後跑向…」。

　　車行在北海道的公路上。其實，車開到哪裡，要在哪裡停留，我完全不在意。團體旅行的好處之一是，不需要去理會行程，只要遵守領隊的吩咐就可以了。尤其是智軫小姐費心安排這一趟超馬之旅，當個聽話的小學生是應該的，也是最簡單的。遊覽車上沒有台灣必備的卡拉 OK，於是從會長起，大夥輪流自我介紹，兼談報名本次 100 公里（或 50 公里）的原因和期許。說到底，每個人害怕的東西都不太一樣，但一聽到要拿麥克風對眾人說說話，卻是人人都躲。只是這一次可不太一樣，不，是完全不一樣。每個輪到拿麥克風發言的人，個個都說個不停，而且還笑語連篇。尤其是金書會長，那一口「彎來彎去，愛來愛去」的台灣國語，再配上幽默風趣的腦筋急轉彎，眾人不樂歪也難。看來，大腳丫內真是臥虎藏龍。期間，耀石兄使盡看家本領，說學逗唱樣樣都行。

　　報名 50／100 公里的原因各有不同，有人是舊地重遊，有人是自我挑戰，也有人被「威脅利誘、慫恿下海」，更有人想創下個人最佳成績。只有進順兄的答案與眾不同，是「被騙來的」。原以為報名參加的是半馬，卻沒想到此半馬非比半馬。車行在高速公路上，車外風景一片青綠，車內笑聲陣陣不斷。

　　說到綠，一直覺得日本的樹特別的綠，是那種看了不會得近視眼的綠，是那種遠離塵囂，令人心曠神

怡的翠綠。或許是日本的空氣太乾淨的緣故，綠方才顯現出真正的本色。日本人愛木頭，為了建築和生火煮食，以前曾大量砍伐森林。直到百年前幕府終於禁止伐木（因為總有一天會砍光，智利外海的復活節島就沒有這種意識了，致使島上的人最終滅跡，所謂樹倒人亡），才使日本成為全世界森林覆蓋率最多的國家。對我來說，日本的綠應該和希臘的藍齊名。

車行到岩見沢（Iwamizawa）休息站，下車上廁所。岩見沢是個小小休息站，裡頭的東西可真不少。要不是時間不多，很想來碗拉麵，嚐嚐道地的日本味。大夥小解後，拍照、購物，還有排隊買冰淇淋。吃冰淇淋竟然成為北海道之旅的團體行動。

續行到不知名的小鎮（小鎮當然有名字，只是我不知道而已），大夥起鬨要到藥妝店，此時不買待何時。智軫小姐和非常有禮貌的司機先生商量一下後，拐進路旁藥妝店。哎呀，大夥那股衝勁，真的是跑步人才有的。只見加油團的大嫂們和參加超馬的小姐先生們一馬當先，一個箭步衝進藥妝店，更神奇的是一步到位。沒幾分鐘，架上的特定藥品一掃而空。偷偷瞄一眼藥妝店內的店員小姐們，個個花容失色，神情緊繃。倒不是因為遇上一股搶匪，而是碰上一團「上車說笑，下車買藥」的台灣日製藥品愛用者。好幾人的手提籃

內幾乎是滿的,問為什麼買這麼多,答案一律是「親朋好友託買的,而且指定品牌,好用ㄟ!」。結帳櫃台並沒有大排長龍,只是苦了,不,應當是樂了櫃台小姐,在地的顧客大概沒有這麼大手筆的吧。出了藥妝店大門,每個人的臉上洋溢著幸福滿足,彷彿來北海道的主要目的就是到藥妝店掃貨!

藥妝店裡的貨品真是琳瑯滿目,應有盡有,就連腦袋瓜想像不到的小東西,藥妝店都有得買,而且種類繁多。郭台銘先生曾說:「魔鬼藏在細節」,日本人應該是個善於抓鬼的民族,因為他們對細節的重視,簡直到了匪夷所思的地步。

北海道的薰衣草在台灣是出了名的美,到北海道不是看薰衣草,就是賞雪。大腳丫這一次遠征北海道,因為是夏天,當然看不到雪。薰衣草是看到了,卻沒看到最漂亮的薰衣草花。沒辦法,抵達富良野時,花季還沒開始。大夥只好賞草,腦海中盡量想像繁花盛開的美景。

車行到美瑛町十勝岳溫泉區,也是第一晚的住宿地。抵達時,飢腸轆轆,下完行李後,集中置放於櫃檯邊,陸續往餐廳走去,享受日式自助餐。對於我這個台灣胃來說,日式自助餐還有點不太習慣。不過,

既來之，則吃之。管它端出甚麼，只要在盤子內的，都可以夾來吃。

　　飽餐一頓後，和同房室友進昇兄剛步出餐廳之際，偶然回頭，看到夕陽正落於遠處山峰，兩三秒後旋即隱沒在黝黑的山後。「夕陽無限好，只是近黃昏」，李商隱對好景難長久的感慨，好像不太適用於北海道，因為這裡的黃昏持續很長。一直到晚上十點，天邊都還是亮的，凌晨三點天邊也是亮的，彷彿夏天的北海道是個不夜島般。凌晨三點的晨光像鬧鐘一般地敲醒我，望向窗外，天亮了，該起床了嗎？五點團訓（還是五點半？），大門口集合，楊總昨天晚上說。現在才三點，再窩一下吧！

八

　　楊總怎麼還沒有出現，不是說好五點團訓嗎？一夥人聚在大廳門口說著。陣陣冷風從門外灌進來，真的很冷，會發抖呢。著長褲，穿外套的夥伴早已在門外做操；穿短褲的還是擠在門內。

　　楊總終於出現了，大夥陸續步出溫暖的大廳，迎向冰涼的清晨。晨跑由智軫帶隊，要往哪兒跑呢？要跑長的，或短的？甚麼長的短的，是跑長的步道，還是短距離的步道？最後的答案是長短都不跑，爬樓梯。

有人嘀咕，明天就要跑馬了，今天還要爬樓梯？最後
的最後，大夥還是爬上通往火山觀測站的樓梯。

　　上了平台，四周頓時開朗起來，一千多到兩千公
尺的高山歷歷可見，山頭還有白雪。再來往哪兒跑？
眾人意見分歧，只見小江教練一馬當先勇往直前，再
乾兄和我尾隨在後，其他人則在智輊小姐的帶領下四
處參觀去也。和再乾兄以最慢的速度邊跑邊聊，聊馬
拉松，聊左側的大片牧草園，聊日本的道路品質。前
方小江教練的身影越來越小，沿著道路左轉，消失在
一片樹林後。他會不會繞太遠了，我問。不會，他知
道甚麼時候回來，再乾兄說，我們回去吧。

　　吃完早餐，整理好行李，又是出發的時刻。大夥
在旅館前照相，「大腳丫，照團體照ㄡ」，楊總喊說。
照團體照ㄡ，竟然成為北海道之旅的必做功課，每到
一地，楊總總會喊：「大腳丫，照團體照ㄡ」，大家也
跟著喊：「大腳丫，照團體照ㄡ」。只是這一次的團體
照多出兩個人，原來是智輊的父母開了兩百公里遠的
車，前來探望愛女，還帶了單路，真是天下父母心。

　　離開旅館時，智輊父母和旅館人員立於路旁揮手
送行。我們的車往前行駛，迴轉，再度經過旅館時，
他們還站在路旁揮手。日本人會在門口送行，一直送
到看不見客人為止，楊總說。這一幕在專門播日本節

目的電視頻道看過多次，沒想到實際情況竟然也是如此，日本人也特多禮了吧。這是多禮，還是對客人的尊重？腦袋不禁開始想了起來。

　　離開旅館，不到數公里，到了一處優美的藍色水潭，據說是火山爆發後的堰塞湖。行走在林間步道，湖水湛藍，林木蓊鬱，有如仙境一般。哎呀，如果早上晨跑到這裡不知該有多好！到了溪流岸，只見楊總又拿出那一百零一條大布條，喊著說：「大腳丫，照團體照ㄡ」。大夥也跟著喊，「大腳丫，照團體照ㄡ」。先是全體合照，再來是 50 公里組，接著 100 公里組，最後是加油團。所謂團體照，自然是全體集合後留下一個到此一遊的紀錄，但北海道的景色實在迷人，總是有人流連其間，趕不上團體照。

　　車行在北海道鄉間小路，說是小路，還真的是小路，大部分都是兩線道。要是在台灣，各地的民意代表不積極爭取拓寬道路才怪。台灣的馬路越蓋越寬，到處都是路，蓋住了土地，使大地不再能夠呼吸，雨水也不再滋潤。車子越來越擠，路燈越來越多，紅綠燈越來越密，等待的時間也越來越久，到頭來我們花在等待的時間簡直長得不得了，生命可是苦短喲。

　　車行到一處無柵欄的平交道，司機停下來，左看右看，確定無火車後，再通過平交道。智軫小姐說，

日本交通法規規定，平交道前一定要停下車，左看右看，再搖下車窗，聽聽有無火車的聲音，確定沒有火車後，才能通過平交道。在台灣，她如（日本）法炮製，卻被後車按喇叭，從此知道在台灣該如何開車。聽到這裡，不知道該稱許台灣人的聰明，或是疑惑日本人這麼死腦筋，不知變通。

到北海道的第二天可真是個旅遊天，北海道姑娘智彰小姐帶我們看了該看的，也去了台灣團不太會去的景點，有台灣姑娘開設的民宿、四季彩の丘花園、有如雲霄飛車軌道的公路、層雲峽瀑布。中午在層雲峽國際觀光飯店用餐，餐廳緊鄰溪側，邊用餐，邊聽著溪水湍急聲，真使人胃口大開。餐桌上的定食，一人一碗米飯，對大腳丫來說，一碗飯哪夠。於是服務小姐趕忙拿兩個小飯鍋去裝米飯，裝滿後拿回，四五個隊友蜂擁而上，一下子鍋底朝天，又趕緊拿著空鍋去裝米飯。唉，這樣子是緩不濟急的。此時，只見一位女服務員雙手抱著一個大飯桶，吃力地走過來。大夥見此景，不禁用力喝采，我們是出了名的飯桶隊，這位日本小姐可真體貼，反應快速，一眼看出我們的名號。用完餐，離去時，飯店人員站在門前揮手送別，一直到兩不相見。車往層雲峽瀑布駛去。

層雲峽瀑布各有驚人的名號，如「流星」，如「銀河」。這個以銀河為名的瀑布，讓我想起李白的詩《望

廬山瀑布》：「日照香爐生紫煙，遙看瀑布掛前川。
飛流直下三千尺，疑似銀河落九天。」後兩句當然是
文人誇張的形容，不過，瀑布既以銀河為名，或許真
的和李白那首詩有關，只是我沒有去深究，因為耳邊
又傳來，「大腳丫，照團體照ㄡ」。部分隊友已經坐在
「流星瀑布」前供人照相的第一排座椅上，正招呼不
遠處尚在其他瀑布流連忘返的夥伴們。

　　專車又上路，休息站短暫停留，買杯咖啡解解饞，
提個神後，直奔湧別綜合體育館。未到體育館前，先
在一處很像運動公園的地方，放大夥下來疏通筋骨，
順便小解一下。北海道地廣人稀，連運動公園也是地
廣人稀。光是舖有短草的場地大概就有兩個足球場那
麼大，而且外圈還鋪設 PU 跑道，兩邊各再加上涼亭
和孩童遊戲區，而住家就隔一條馬路。不遠處，高度
可能只有幾百公尺的小山連成一線，很像一道屏障，
護衛著山腳下的居民和這一片廣大的運動場地。楊總
站在一旁和一位日本小孩說一些我聽不懂的日文，小
孩則是咯咯笑。三位小朋友跑了過來，四人便一起玩
了起來，嘰哩呱拉說著我還是聽不懂的日文。好像在
玩官兵抓強盜，看起來年紀比較大的男孩正在分配角
色。望著稚嫩的臉龐，看他們興高采烈地在草地上奔
跑，藍天，遠山，這不正是每個小朋友都應該要有的
童年生活嗎？場景如果轉回台灣，這四個小朋友會在

哪裡玩？公園？騎樓？客廳？社區？中庭？馬路？我們哪裡有這樣廣闊的草地，任小朋友盡情遊戲其間？東海草原，別開玩笑了。

九

湧別綜合體育館看起來不高也不大，隨著智軫小姐走進室內，興奮地找到自己號碼所屬的物品領取處，所有的物品已經依號碼，井然有序地排列在地板上。領了紅藍兩個專用袋、紀念衫和一疊資料，看到隊友們正在入口處桌上「搶」本屆的大會海報。當我正想拿時，最後一張卻被小語拿起，看她高興的樣子。再仔細一瞧，原來這些海報是「義」取的，旁邊放一個小罐子，寫著我看不懂的日文。但從其中的漢字推敲，可以得出個大概來：主辦單位希望拿海報回家當紀念的人，可以自由樂捐，所得將全數捐給福島災難戶。海報不是白拿的喲。

走出體育館，走廊兩旁的布告欄上釘著幾張簡單的加油紙張。大小不一，以手寫的居多，應該是親朋好友為認識的親朋好友加油打氣用的。看到這些簡易的加油單，雖然不是為我加油，也真倍感窩心。體育館外，亞瑟士等跑步用品專賣店已經擺好架式，就等著報到的選手掏錢出來掃貨。來到這裡，當然應該買一點紀念品回家。再乾兄介紹長袖紀念衫，說不錯穿，

一來是紀念，二來是台灣較少見到跑步用的長袖衫。
趨前一看，原來長袖衫是要預訂的，背面的空白處會
再補上完賽時間，等跑完後交貨。再補上完賽時間？
我會完賽嗎？猶豫再三，算了，不知明天的結果會如
何，猛然下訂，搞不好，買回的長袖衫背面一片空白。

　　轉往其他攤位，隊友已經買了起來，短褲、運動
帽、腰包、束小腿的長襪等等。我看過去，再看過來，
就只買了一包能量包和兩小包 Gel。常常聽人說，跑
步是最簡單和最經濟的運動，只要換上一雙跑鞋，穿
上短褲和 T 恤，就可以跑了。對只跑三五公里，以健
身為目的人來說，跑步的確是項簡單又經濟的運動（我
兒子就屬這類的，他還穿我的鞋子呢）。但對我們這群
愛馬人，事情往往不是直腦筋想的那麼簡單又經濟。

　　跑步不簡單。跑步如果簡單，也不會有那麼多人，
寫那麼多有關跑步的專業書籍，教我們如何才能跑得
既不受傷，又輕鬆愜意，再加上好成績；跑步更不是
經濟的運動。大夥可以回家數一數究竟鞋櫃裡有幾雙
跑鞋，衣櫥裡有多少件跑步穿的短褲、背心、長短袖
運動上衣、運動長褲和外套、運動帽、腰包、毛巾，
以及多得一蹋糊塗的運動襪。跑步用品真是多得「族
繁不及備載」。除此之外，南征北討的報名費、車資（或
油錢），偶爾再加上夜渡資，更別提出國拿金牌這檔事。

誰說跑步是最簡單和最經濟的運動？當然啦，也有返璞歸真型的，馬場常見的拖鞋大師大概就屬這一類。一雙拖鞋不過十來塊，身上穿的也不是甚麼名牌的運動衣褲，照樣跑得嚇嚇叫。

我們這一群世俗凡人，花了那麼多的銀子和時間在跑步上，究竟所為何來？我想，哲學的問題就留給喜歡思考的人去傷腦筋。咱們不是不用大腦，是腳太忙了。當雙腳正忙時，腦袋會忙得一片空白，而我就喜歡這一片空白。哈，原來跑步是為了專注於跑步。

掃完貨，離開湧別綜合體育館，往北見市前進。旅館距離大會起跑點足足有一個鐘頭以上的車程，這意味著短短的睡眠，早早的搭車。往北見市途中，小小一段約十幾公里的路程與明天的賽道相重疊。每當看到里程標示（35KM、40KM）時，車內發出「跑到這裡 35 公里」的驚嘆聲，或是看到流動廁所，也會發出「這裡有流動廁所」的尖叫聲，彷彿流動廁所是個了不起的藝術裝置。待看到薩羅馬湖本尊時，車內相機喀嚓個不停，嘴也不停地讚嘆著：好大，好美。此時，耳邊響起智軫小姐的親切叮嚀：「日本人很守規矩，男生不可以在路旁尿尿。因為道路旁邊是農田，所以不可以尿尿。在台灣，男生都在旁邊尿尿，在日本不可以。」智軫小姐這一番帶著日本腔調的國語（或

者北京話），直敲眾家男子野性底最深處。不可以在旁邊尿尿，成為眾人謹記在心的禁忌。

隨著夜幕低垂，湖上飄起一層薄霧，車也離開薩羅馬湖，往北見市駛去。距會場一個鐘頭以上的車程，實在有點遠。也沒辦法，會場附近的旅店好像早在半年前就被預訂一空，薩羅馬湖超馬盛名遠播由此可見。今晚夜宿北見市北見飯店，晚餐則是日式燒烤吃到飽。說到吃到飽，大概是最違反馴化後的人性，或者也是最符合人類的本性。工業化國家裡，大部分人的問題不是營養不足，而是吃得太多；相反的，在與大自然搏鬥的時代，吃到飽反而是得以繼續生存的保證。有時，不是我們需要，只是想要而已，吃到飽就是最好的例子。其實，安排吃到飽是智軫小姐的好意。一來，要找到容納大團體用餐的地方不容易；二來，明天就是百K日，吃飽一點也是應該。智軫小姐的好意不僅於此，晚上下褟處還是每人一間單人房（夫妻檔當然同房），讓大夥都有個好眠。

在吃到飽店，或許是出於習慣，有人拿了好幾盤肉要來燒烤一番。我則是盡量拿義大利麵、馬鈴薯和炒飯等，希望這些碳水化合物可以轉換成明天的動力。金書會長坐在隔桌，只見他大口吃，如果這時有酒，想必也會大口喝酒，很像大漠血性男子。看他們大口

喝酒吃肉的樣子，如果是三百年前，會是逐鹿中原的豪傑。

　　吃飽喝足，回到飯店已經九點。梳洗、整理明天需要的東西，其餘裝入行李箱帶上車。明天穿運動短褲，大腳丫 T 恤外加背心，手戴自行車用袖套，既可防寒也可防曬，腳穿舊鞋，頭戴帽，脖子順便圍上一條頭巾（可以擦汗兼洗臉）。隨身腰包裝外掛式太陽眼鏡、能量包、敏昌副總提供的沖繩鹽兩包（20 公里使用一包）、快用完的防曬乳，以及一小瓶凡士林，外加兩千日幣，如果需要買咖啡來提神的話，還有那張最重要的配速表。大會提供的 55 公里處紅袋子，裏頭裝毛巾、跑鞋和穿過一次的襪子、跑褲和 T 恤、Gel 兩包，以及一條擦勞滅。終點的藍袋子裝跑完後換裝的衣物。一切準備就緒，還有沒有漏掉甚麼？再檢查一遍，腰包、紅藍色專用袋、明天穿的衣服，好像沒有漏掉甚麼。睡覺吧，已經十點半了，可是要凌晨兩點起床的。

十

　　一覺醒來，感覺睡了很久，可是一看錶，才十二點半。天啊，才睡兩個鐘頭，離兩點上車也還有一個半鐘頭！再窩一會兒。每回跑馬的前一晚，總是難眠，很像隔天要去遠足的小朋友一樣。

十一

上車時，窗外一片漆黑，有點冷，智軫準備的麵包和三角飯糰也是冷的。吃吧，昨晚沒準備今早賽前早餐，飯糰吃下肚肯定會有飽足感。參加 100 公里的夥伴們陸續上車，各自選個好位子，默默地吃飯糰和麵包。麗娟小姐也起個大早，要和敏昌兄一同前往起跑點。人員到齊後，非常有禮貌的司機先生發動車子，慢速行駛在不怎麼明亮的北見市。不久之後，出了市區，進入一片漆黑的鄉間路。此時，天際邊露出藍光，好像大地即將從夜裡甦醒過來。看看手錶，也不過才兩點半多一點，怎麼天就開始變藍了？

坐在車內，閉眼假寐。其實根本就睡不著，但閉著眼總會有睡著的時候，更何況此時是半夜呢。今天該怎麼跑呢？想著想著，也沒甚麼答案。馬拉松，不就朝著終點一直跑去。只要嚴格遵守配速表，不要落後，應該不會落馬才對。睜開眼睛，窗外一片昏暗，再閉上眼睛。這一次不再想了。約莫四點時分，車停了下來，睜開眼睛，下車。薩羅馬湖超馬，我來了。

十二

很冷，超冷。小江教練、進昇兄、周醫師、國鎮兄連同我等七八個人躲進排球館避寒，其他人則在車

上補眠。排球館裏頭已經聚集數十名參賽者，看來都是東方臉孔，可講的話完全聽不懂。有人在拉筋，櫻花妹多半在化妝（或者是擦防曬乳），大多數人不是圍在一起聊天，就是找個好地點拍照。隨著起跑時間接近，進排球館的跑者越來越多，快要擠爆了。賽前小解已經成為起跑前的儀式，何況智輘小姐一再交代不可以在路邊尿尿，所以該去找廁所解放一下。

出了門，外頭一大片草地，看到流動廁所，正要邁步前行時，怎麼那麼冷，而且還冷得發抖。室內室外的溫度差這麼大！邊發抖，邊小跑步去廁所，再小跑步回到溫暖的排球館。原來外頭那麼冷，難怪全擠進排球館。大夥圍著聊天，小江教練穿上愛迪達雨衣，並交代每個補給站都要吃和喝，前 20 公里的補 20 到 40 的，20 到 40 的補 40 到 60 的，依此類推。一定要吃，不然缺乏動力來源，後半段可會跑得很辛苦。聽著聽著，尿意又來。今早又沒喝多少水，怎麼又想要尿？想尿，一定要去尿，網路資料這麼寫著。只好又走出室外，還是那麼冷，不同的是，流動廁所前已經大排長龍，還有工作人員指揮著。每當有人出來，工作人員都會喊說「小一個」或「大一個」。剛開始還聽不懂，又不能不排隊（日本人可是個排隊的民族）。看著工作人員的喊叫，再配合空出來的廁所的標示，終於弄懂他的意思：「小一個」意味著小號一個空位，「大

一個」自然就是大號一個空位。懂了之後，就容易多
了。

　　接近起跑時間，大夥先來個團體照，三位百K女
將（曉鶯、阿桂和小語）和七八位壯丁，再去寄物處
交紅藍兩個袋子。往起跑拱門走去時，一路細看日本
跑者的穿著，只能說甚麼樣的運動服飾都有，其中比
較顯目的是短褲加束褲的兩件式搭配。這種穿法在日
本妹的身上相當好看，但男生這麼穿卻有點奇怪。拱
門後方已經擠滿參賽選手，綿延數十公尺。兩線道上
都是人，個個神情雀躍。這裡擠不進去，再往後走。
人真多，比台灣任何一場馬拉松的參賽者都要多（台
北ING或富邦號稱十萬人，其實是唬人的，每個內行
人都知道）。好不容易找到個空隙，擠進去後，卻難以
動彈。旁邊陳建志和一位日本老者聊了起來，老者說
他去過台灣，住過台中，還跑過太魯閣。小語拿著相
機，又來張團體照。教授，我們要跑在一起，阿桂這
麼說著。我們要跑在一起，國鎮兄也這麼講。「我們要
跑在一起」彷彿成為對抗薩羅馬湖超馬的最佳利器。

　　看看手錶，接近五點，好像沒有長官致詞，也沒
有鳴槍（至少我沒有聽到）。只聽到前頭一陣吶喊，紛
紛舉起雙手鼓掌，起跑了。要消化長長的人龍總要一
些時間，我花了兩分又一十九秒才通過拱門。今天的
100公里從這裡開始起算。

十三

隨著人龍慢慢跑著，先繞綜合體育館四周的道路，再往第一個折返點跑去。體育館道路四周，參賽選手的各類加油團紛紛佔據有利位置，拿著或舉著各式各樣的加油旗、牌和道具，興奮地為選手加油打氣。看著這一幕深受感動。在台灣，加油的人當然有，咒罵的也是一堆。在日本，長跑是一種文化；在台灣，通常在星期日舉行的路跑活動，大多時候是惹人厭的活動，因為交通管制妨礙部分人的經濟活動，工作啦，照顧生意啦。「你們吃飽閒閒在那裏跑步，我們還要工作，被擋下來，工作怎麼辦？」「到底要擋多久？」

跑在人群裡，速度快不到哪裡去，也無法快，更不應該快，今天要跑 100 公里，不能快。楊總、國鎮兄、再乾兄、小語、三口組等，我們要跑在一起，我們是跑在一起。賽道為兩線道，人一多，顯得相當擁擠。路面看起來不錯，少有坑洞，路中分隔線沒有反光鈕，無須擔心會像在台灣一樣踢到反光鈕而跌倒。不過，車道上倒是壓出兩條輪胎凹痕，跑起來一凸一凹的。

跑不到五公里，尿意又來了。真是的，怎麼有那麼多尿？跑在一旁的楊總說：「我不相信日本人真的那麼守規矩，不會在路旁尿尿。我等著看。」我說：「你

會看到路旁有人尿尿，不過那人卻穿著大腳丫的衣服。」說完，兩人哈哈大笑。就在這個時候，突然看到穿著黃色自行車外套的敏昌副總從一旁樹叢竄出。「我就跟你說吧，是個大腳丫的」，我說。敏昌副總邊跑邊辯解：「賽前，人太多，沒去尿。日本人也沒那麼守規矩，他們去尿，我就跟著去尿。」至此，大夥鬆了一口氣，有需要時是可以在路旁尿尿的。於是就有人招呼去尿尿吧，走吧。

跟著人龍慢慢跑，一邊聊天，一邊欣賞風景，心情盡量放輕鬆，今天的目的是完賽。到了一處轉彎處（往湧別漁港的方向），往前一看，哇，好長又好擠的一條人龍。經過漁港時，三口組的建志開玩笑地說：「糟糕，湧別會不會變成永別？」漁人出港，面對茫茫大海，有時真的會是永別。我們只是路過，湧別是擁抱之後離別，不是那個永不再見的離別啦。

往第一個折返點前進。快腿們陸續從對向車道跑來，沒看到去年的冠軍，也沒看到小江教練。一般說來，日本跑者的身材中等勻稱，步伐頗大，速度快，跑姿漂亮。看到快腿們經過，眼睛隨之亮了起來，心情也跟著舒暢起來，真好看，這就是運動之美。眼見對向的跑者越來越多，意味著折返點不遠了。繞過第一個折返點後，終於可以知道，我們究竟位於人龍的

哪一個部位。老實說，應該在後腿的地方（假設龍有四腳），因為過沒幾分鐘，來向賽道上已經是人馬稀疏。再過沒多久，看到殿後車，或許離我們有三四公里吧。

轉回湧別市區時，路旁民眾夾道歡迎兼加油打氣，和幾位小朋友擊掌，享受著「甘巴爹」的優美旋律。又想上廁所！也真是的，才在路旁尿完沒多久，怎麼現在又有尿意。瞥見左側路旁熟悉身影，似乎在排隊等著上廁所，仔細一看，原來是小語和阿桂。這裡人多，忍著。往前跑，看到熟悉的排球館，原來我們繞了一圈，趕忙進流動廁所。出來，回到賽道，一身舒暢，而且也不再那麼冷。趕上敏昌副總和國鎮兄等人。敏昌兄說，走，上廁所去，四五個人往路旁空地去，我則獨自前行。從此就都一人獨行。

十四

抵達 10 公里的標示牌，花了 1 小時又 8 分鐘，按照配速表，這意味著下一個 10 公里必須在 1 小時又 7 分鐘之內完成。必須趕點路，加點油。到了 10 公里的水站，拿兩杯飲料，一杯是 Amino，另一杯是水。Amino 喝起來不像舒跑，但得配著水喝，順便抓一顆酸得很的酸梅。向前大概 3 公里後，開始進入湖區，也可看到快腿們從對向車道跑來。這次終於看到去年的冠軍，人長得高大魁梧，不太像長跑的體型。看著看著，又

生尿意。天呀，怎麼又想要尿尿，只好找個樹木稀疏處解決。

到 15 公里處，花了 32 分鐘，每公里約 6 分 25 秒，算起來比前兩個 5 公里快了那麼一些。15 公里處，有廁所，也有水站。吸了一大口自帶的能量包，再喝 Amino 和水，有點飽。離開水站，往前不到兩公里，又有尿意。怎搞的，是天冷沒流汗的緣故嗎？要是這樣下去，哪得尿多少次？忍一下。邊跑，邊看對向車道的快腿跑者們，每個人都神清氣爽，絲毫無倦怠或疲憊感。這時的我還沒到 20 公里水站，而他們已經跑了二十幾公里。快腿之間，偶爾可看到日本小姐，嘿，她們跑得可真快，尤其若配上短褲搭束褲，可真好看。

不知何時，楊總跑在我身邊，簡直有點神出鬼沒。我記得，敏昌兄吃喝上廁所後，我就是一人獨行。楊總甚麼時候出現的？其實也不是甚麼神出鬼沒，是我被他趕上，況且這也不是第一次。兩人一起跑著，望著對向飛奔而來的快腿。起先都是日本跑者，後來終於看到大修、周醫師和房義兄、進昇、振旺兄依序從身旁跑過。大修跑得真快，還面帶笑容。

到 20 公里水站，已經跑了 2 小時又 13 分鐘。心想，有點兒糟，按照配速表，21 公里應跑 2 小時又 15 分鐘。我還差一公里，時間卻只剩 2 分鐘，有點慢。

喝了水，吃一包敏昌兄提供的沖繩鹽，嘗起來有點鹹，又有點甜。楊總先行，我去屋子後方上個廁所。回到賽道，繼續往第二個折返點挺進。幾分鐘後前方傳來日式節奏的鼓聲，搭著日式民謠。聽著聽著，感動起來。鼓聲可以振奮人心，難怪以前作戰都是擊鼓前進。跑到這裡，已經過了 20 公里，心想，今天應該可以完跑。抵達終點時，要做些甚麼呢？嗯，一定要脫帽，轉身，鞠躬，再淚流滿面，那場面多美啊。不禁被自己的終點幻想感動著，我一定要這麼做。

通過轉折點，看到曉鶯迎面而來，打個招呼後，又聽到振奮人心的鼓聲。正在看得出神之際，突然聽見有人喊「萬寶教授」，原來是小語在對向賽道喊著，她和阿桂、敏昌兄、三口組、再乾兄等人跑在一起。互相打個招呼後，往來時路跑去。回到 20 公里的水站，喝點水和飲料，吸一口能量包，想想，再去尿一下吧。今天真多尿啊！

今天的跑者不太有甚麼打扮，應該是路途遙遠之故（100K！），有特殊裝扮或造型的不多見。不像 Okinawa 馬拉松，簡直是造型大賽，令人目不暇給。一路看過的跑者裏頭，那位穿著西裝，打著領帶，手提公事包的跑者應該是一流的。其他絕大多數參賽者都像我一樣，中規中矩地穿著合適的運動衣褲，看起來是不怎麼養眼。跑步是一項自我對話的運動，跑者

是孤獨的，路程越遠，心中的孤寂感越重，腦中一片空白也就越多。如果可以來個養眼的鏡頭，沖淡孤寂感，那也挺不錯的。只是自己沒裝扮，既無法自娛，也不能娛人。雖是如此，看看身旁的日本妹，多少可以紓解只有一路向前跑的乏味感。

又到 15 公里的水站（因為是折返之故，路的兩邊都設水站），先上個廁所。進入流動廁所後，雙腳卻有點站不太穩。怎麼搞的，才跑 25 公里，腿就站不穩？平常會有手痠的毛病，今天還沒發作，腳到先發作起來。已經尿過幾次了？五六次，還是六七次？不太清楚，只覺得一直想尿尿。上完廁所，又從補給桌上拿了兩杯飲料，吃一顆日本酸梅。酸梅真的很酸，配粥或飯還可以，單吃，可能會酸到齒縫裡去。

看到 30 公里的標示牌時，已經跑了 3 小時又 18 分鐘，當地時間是早上 8 點 20 分左右。已經不冷，也不會熱，路兩旁都是樹，跑起來還蠻舒服的。30 公里補給站前，大會設一個個人補給站，亦即可以置放個人補給品，但要標明參賽號碼。經過時，望了一眼，好像甚麼種類的補給品都有，連可口可樂都在其中。其實，後頭不遠處的官方補給站也不差，該有的都有，Amino Vital 排排站，跟兵馬俑一樣，任君取用。我除了把能量包吸完外，又喝了果汁、Amino、水和酸梅，走前抓兩包 Amino Vital 塞在腰包裡。

出了水站後，路旁的樹已經無法擋住逐漸發威的太陽，感覺有點熱。再往前跑，兩旁的樹越來越少，開始出現農田，全無遮蔭。或許這裡就是智軫小姐一再告誡的「不可以在路旁尿尿」區。的確，這裡根本就無法，或者找不到可以遮一下的地方。頭頂上的太陽「逼」得讓人只想往前跑，趕快找到可以避暑的樹蔭。

從 30 公里到 40 公里的大部分路段，昨天已經坐車遊覽過一遍，今天再腳踏實地跑一遍，嗯，還是坐車舒服。這個結論其實不怎麼高明，甚至有點愚蠢。跑步哪會比坐車舒服。然而，在馬拉松的世界，坐車意味著放棄跑步，放棄比賽，放棄跑回終點後，享受痛苦和發下下次不再跑馬拉松的咒語。這一條路，坐車經過一遍，再跑過一遍，感覺很奇特。

40 公里的標示牌大剌剌地站在路旁，看到它時，打從心裡高興起，這意味著一個馬拉松即將到手。40 公里花了 4 小時又 24 分，嗯，和平常的馬拉松時間一樣，不快也不慢。離開公路，轉入左側湖區道路。左邊是湖，右邊是高大的樹木，可是，陽光直射路面，少有樹蔭。轉了一個小彎，印入眼簾的是 42.195 公里的標示牌，數位工作人員坐在大太陽底下，一一注視著跑過感應區的跑者。怎麼不立個遮陽棚？跑進 42.195 公里的感應區，嗶嗶兩聲，一個馬拉松，花了

4 小時又 37 分。趕忙把配速表拿出來瞧一瞧，上頭寫著 42K 4h40，這意味著到目前為止配速成功，真值得普天同慶！跑到這裡，手不會痠，除了雙腿有點僵硬之外，沒有其他不舒服的地方。只要依照目前的速度，今天一定不會落馬。跑出 42.195 公里的感應區，心裡頓生異樣的感覺。就像第一次跑 50 公里的超馬一樣，超過 42.195 後，每邁出一步，每一步都是歷史距離。

　　跑在湖邊道路，湖光山色，樹木婆娑，確實是個跑步的好所在，只要太陽不要發威就好。路兩旁有民眾夾道加油，有人打扮成動物造型，有人手持標語或布條，有人鼓掌喊「甘巴爹」。我的眼睛四處搜索，希望看到熟悉臉孔站在一旁喊「加油」。儘管事先已經知道大腳丫加油團不會出現在這裡，但兩隻眼睛還是像飢渴的雷達般，不停地來回搜索著。從 10 公里後，大部分時間就已經是自己一個人獨自跑著，身旁的跑者看起來都是東方臉孔，但卻無法聽懂他們之間的交談。不是想要刺探他人的秘密，只是想獲得一些熟悉感而已。就像在台灣跑馬拉松一樣，不論是哪一場馬拉松，總是有可以哈拉的人，可以臭彈亂掰的事。跑在這裡，周遭人景物看起來不是那麼陌生，心裡卻是孤獨的。別想那麼多，打起精神，日本民眾幫跑者加油，我可以微笑以對啊！

出了湖區，又回到公路。路旁的景色無特殊之處，只好擺動雙腿，一直往前跑著。45 公里，4 小時 57 分。看到光耀兄的背影，真是高興，是認識的人耶。打聲招呼後，繼續往前跑。50 公里的標示牌出現在眼前，心頭一震，已經一半了，時間是 5 小時 30 分，配速表定 5 小時 50 分，足足快了 20 分鐘。這多出來的 20 分鐘，只能有兩種解讀：要嘛，跑太快，要嘛，後 10 公里的表定時間太寬。前者，不可能，肯定是後者。這樣一來，應該可以在 12 小時又 30 分鐘時回到終點，因為表定回到終點時間是 12 小時又 50 分鐘。過了 50 公里，心裡想的是盡快到 54 公里休息處。

50 公里後，每公里都會有標示，這讓配速更為方便，但卻加深希望盡快見到下一個公里數標示牌的渴望。無形中，會邊跑邊看手錶，然後心中自言自語地說：「跑了 X 分鐘了，標示牌怎麼還沒出現」。很想盡快抵達 54 公里休息處，但越想快，看手錶的次數就越多，感覺上 4 公里的距離就像地球到月球那麼遠。

又回到湖邊道路。湖水湛藍，靠岸淺灘處偶有水鳥飛行。頭頂上除了大大的太陽之外，不時有一隻老鷹在山水之間盤旋著。飛翔的倒影出現在路面上，讓我想起昨天劉小禎對百 K 的警語：「要注意哦，出發時，有三隻烏鴉在電線上呱呱叫，之後禿鷹在空中盤旋，鷹視眈眈，最後是北海道之熊下山…」。記得今早

起跑時，的確出現烏鴉，烏鴉在日本很常見，不是甚麼稀奇的事。但現在頭頂上飛著一隻老鷹，該不會待會真的出現一隻熊，「熊出沒注意」吧。哈哈，這種事怎可能。53 公里，看到左側遠方出現村子，休息處應該在那裏吧。離開湖區，轉入公路，樹下坐著三三兩兩的加油民眾，休息處到了吧，看到紅色交通錐指引跑者左轉，Bingo，終於到了。

十五

休息處裡人聲鼎沸，我真像劉姥姥進大觀園，是應該要好好參觀一下的。只是，此刻沒這種隨意看看的休閒心情。往右側帳篷，找到自己所屬的號碼區，服務小妹立即遞上我的紅色衣物袋。往左側換衣帳篷走去。才剛到入口而已，陣陣肌樂撲鼻而來，嗆得不太好受。也沒辦法，大會不提供肌樂噴劑，選手只好在這裡大噴特噴。帳棚內已無座位，想坐下來，雙腿卻硬得跟石頭似的，無法屈膝。想要換鞋，卻怎麼也無法解開腳上的鞋帶。此際恰好有位跑者換裝完畢，空出一張板凳出來。我一屁股坐上去，那個舒服滋味喲，很想就這樣一直坐著。

按照配速表，休息區可以停留 15 分鐘。幾年前的祈福百 K，在水底寮休息半個鐘頭，想再度啟動時，雙腿卻完全不聽使喚，根本就跑不動，只好用走的。

有了前次的經驗，這次的中途休息預計只停留 15 分鐘，希望既能獲得足夠的休息，雙腿肌肉也不會因休息過久而僵硬。褲子和上衣要不要換？到現在還很順，不換。鞋襪呢？要換。正在將晶片別到那雙只跑過一次的新鞋時，光耀走進帳篷，打聲招呼，又走了出去，因為裏頭的空間已經不多。穿好襪子，再穿新鞋，雙腿擦點擦勞滅，走出帳篷，看看手錶，用掉 7 分鐘。走到食物區，聽說有涼麵和熱湯，都沒看到。飯糰倒是有一些，是冷的，吞了一個，再喝一杯 Amino，順便啃個酸梅。交了紅色衣物袋後，準備上路。碰到曉鶯，她說楊總問起我。楊總？他也到了。沒在休息區裡四處找人，往公路的方向走去，再度跑了起來。腿有點硬，還不太適應那雙新鞋。

十六

　　離開休息區後，上坡路多了起來。儘管不怎麼陡，碰到上坡，速度自動減緩，甚至走了起來。後頭還有 45 公里，寧可安步當車，在時限內通過道道關卡，也不要逞強，非得用跑的不可。很快看到 55 公里的標示牌，慢慢跑上實在不怎麼有坡度的上坡路。雙腿邁不開，感覺到肌肉僵硬，縮小步伐，還好手不會痠。

　　跑到 60 公里時，用了 6 小時又 55 分鐘，當地時間是早上 11 點 57 分，已經跑了七個鐘頭。太陽還是

在頭頂上發威著。餓不餓，沒甚麼感覺。這一路是每
站必吃，香蕉、紅豆麵包、西瓜、酸梅等，水也是每
站必喝。小江教練一再交代，一定要每站補給，因為
那是下一個里程的動力來源。有沒有尿意，倒是少了，
30 公里後，就沒甚麼尿，應該是太陽發威後，開始流
汗的緣故。配速表定 60 公里是 7 小時 20 分。50 公里
處，已經「多」了 20 分鐘，剛剛的休息又「節約」7
分鐘，這一下子「多」了 25 分鐘出來。多出來的，不
可以浪費，還是要繼續保持「領先」。

　　好熱的天，左邊有一大潭湖水，能雙手捧來喝嗎？
前前後後，左左右右，一直都有日本跑者。很想記住
一些參賽者的號碼，以便當作參考座標，可是就是記
不住；或者想記住一些特殊造型，也老是記不住，一
直都無法辨識身旁的日本跑者是否曾出現過。或者，
身旁的日本跑者每公里，每公尺都是不同人？ 65 公里
水站，喝水，吃酸梅，再含一顆糖果。

　　出了水站，往前直行。路旁偶爾出現日本跑者的
親朋好友加油團，大太陽底下，真不簡單。前方不遠
處，左轉，再乾兄說的樹林終於出現，待會可有一陣
清涼。回頭往水站的方向望去，那個剛進水站的草黃
色影子可不是楊總，原來他在後頭。實在是熱，邊跑
邊走，邊往回頭看，草黃色影子還沒出現。拐進樹林
區，陣陣清涼迎面而來。涼風徐徐，就慢慢跑吧。這

一慢，楊總不經意地從背後追上，打聲招呼，逕自往前跑去。很想邁開雙腿跟上，唉，跟不上就是跟不上。又回到慢慢跑的龜速。

　　跑過 65 公里，出了樹林區，到 67 公里處和參加 50 公里組的開始匯流。只看到零星「殿後」的 50 公里參賽者，大腳丫那些高腳們應該已經跑遠了。離匯流不遠的村莊，一個私人設置的補給站，不僅提供冰涼的冷飲，也迎面送上冰涼的毛巾。當毛巾一接觸發熱的臉龐，應該是一片ㄔㄔ聲吧，很像冷水澆上熱鐵一般。吃喝一陣，再度上路。有時跑在馬路上，有時跑在人行道上，就這樣上上下下地交換前進。

　　燠熱下，通過 70 公里感應區，當地時間下午一點十七分，已經跑了 8 小時又 14 分。表定 8 小時 35 分，還有 21 分鐘的餘裕空間。從 60 到 70 公里，預計以 75 分鐘完成，我則花了 79 分鐘。後面的 30 公里，應該多跑少走。70 公里後，左側又是湖區，右側還是一片樹林。跑在人行道上，看著湖水，望著樹林，這景色似曾相識。原來我們一路以逆時針的方向，繞著薩羅馬湖跑，難怪景色依舊。

　　當正在左看右瞧時，對向車道突然有人大喊大腳丫加油。好熟悉的聲音，不僅是國語，更是大腳丫，心情一陣激動。是智斡，騎著折疊式腳踏車，出來為

大腳丫們加油。趕忙跑到車道上，擺出 pose，照張相片。智軫問，阿桂她們呢？在後面。智軫騎著風火輪，往後頭加速而去。往前行，人行道已經變成供自行車專用的柏油路面，且前方也出現建築物，補給站又到了。

路旁加油民眾漸漸多了起來。和一位小小朋友擊掌，小小朋友看我一臉陌生，媽媽充滿愛意地對著她的小寶貝說：「甘巴爹！」補給站裡竟然有紅豆湯，喝了一碗，其他可以吃的都來一份。補給站旁擺了好幾張休閒桌椅，幾位跑者坐在上頭休息。很想坐下去，讓雙腳休息。但怕一坐下去，再也不想起來。算了，還是往前跑吧。跑不到 100 公尺，公用廁所出現在眼前。尿尿去，順便洗把臉。

推門進廁所有點難，因為有階梯。站在小便池前更是難，因為雙腳不停發抖。只好一手扶著牆壁，另一手處理男生站立小便時該做的所有標準動作。回到賽道上，開始唱起歌來，一方面是無事可做，二來唱歌也可以打打氣，減低疲倦感。哼起伍佰的「汝是我的心肝」，管他身旁是誰，也不管五音全不全，歌詞也沒記得多少，唱就對了：

最近的夜暝　我定定會爬起床
目睭金金看你看到天光

你睏的真甜　　笑容是彼呢單純
溫暖的愛一時煞充滿心門

真希望能夠　　永遠甲你作伴
輕輕鬆鬆唱咱快樂的歌
人生的路上　　總有坎坷的路愛行
不免煩惱　　我是你的靠山

不管風雨有多大　　你是我的心肝
讓我陪伴你　　你永遠不會孤單
就算講海水嘛會乾　　你也是我的心肝
無人可比　　一生一世　　最愛你的是我

　　就這樣哼哼唱唱，直到 80 公里處的補給站。遇補給站，吃吃喝喝是一定要的，臨走再拿兩包 Amino Vital。一出補給站，遇到周醫師，很驚訝會在這裡遇到周醫師。隨口問，周醫師，你怎麼會在這裡？周醫師笑笑說，「你才到七十幾公里而已。」周醫師這一句話讓我丈二金剛摸不著頭。原本以為看得到周醫師，這表示不是他跑得太慢，就是我跑得太快。腦海中的路程地圖，80 公里左轉後，好像短短的一條黑線就折回，猜想應該不會超過七八公里吧。結果這一個腦海中的地圖，完全錯誤，自己被自己的腦袋給騙了。

十七

　　出了補給站，一小段上坡後進入原生花園。一開始時，兩邊都是比較低矮的樹叢，還可以慢慢前進。到了 80 公里感應區，時間是當地時間下午 2 點 37 分。5 點起跑，到現在已經跑了 9 小時又 35 分，比配速表定時間快了 20 分鐘。80 公里的關門時間是當地下午 3 點，也就是從起跑點到這裡必須在 10 個小時內完成，否則就請上車吧。直到目前為止，都還保持著 20 分鐘的領先。

　　出了矮樹叢，一小段下坡路，往前一看，天啊，長長的人龍，看不到盡頭。彎進第三個折返點再出來，真的只有七八公里嗎？下坡很難跑，腳一接觸地面，陣陣痛從腳底傳到大腦，大腦再命令大腿慢一點。接受指令的腿慢了下來，但還是痛，大腦乾脆下令步行。就這樣走走跑跑，心裡的「怨、怒」氣越來越大。怨，這是甚麼鬼地方，號稱原生花園，一朵花都沒有，也沒得遮蔭，路彎來繞去，硬是看不到盡頭；怒，到底還有多遠，雖是下午三點，太陽還高掛在天邊，寧可跑在公路上，景色還有些變化哩。這股「怨、怒」氣一直無法化解，儘管腦袋裡想遍還記得的一些佛教大師的話語。唯一前進的動力就是已經跑到這裡了，如果放棄那還像話嗎？

　　前方出現一位穿著大腳丫背心，正在步行的步兵。趨前一看，嚇我一跳，是大修。「大修，你怎麼會在這裡走路？」「老早就爆掉，已經走很久了。距終點關門還有約兩個鐘頭，保持這個步行的速度，應該可以走回去。」「我也跑不動了，再加上這種風景，實在是…和你走一段。」「你慢慢跑，我用走的就好，你不會走贏我的。」「好吧！」繼續往不知盡頭的盡頭跑去。

　　由於是折返跑，周醫師和蘇醫師之後的百 K 和50K 的隊友，通通在這裡狹路相逢，我是去，他們是回。看到進昇，他說，教授，沒問題，一定跑得完；和金書會長照相留念，他說，還有 5 公里；遇見華萍二老和劉小禎，與阿華田來個擁抱，只是我的手累得抬不起來；耀石兄笑嘻嘻迎面而來，他說還有 4 公里…。停下來，雙腿擦點擦勞滅。

　　一直問迎面而來的夥伴還有幾公里到折返點，也看著兩邊的公里數標示牌，把右邊的數字（9 字頭）減掉左邊的數字（8 字頭）再除二，得出的結果是折返點大概在 88 公里的地方。這一段路真的很長，而且又臭又長。很想以欣賞的角度看看鄂霍次克海，或者是瞧瞧兩旁的植物，但心情一直好不起來。唉聲嘆氣地跑著，也唉聲嘆氣地走著。有位參賽者整個人蜷伏在矮小的灌木陰影裡休息，有人則是大剌剌地躺在廁

所旁的草地上，休息兼做日光浴。我呢，還是唉聲嘆氣地跑著。

捱過了吃喝的補給站，到了 88 公里，還沒到折返點。又往前，過一座橋，什麼，還要往上一百公尺泥土路？走上去，小跑步下來，到補給站。桌上的西瓜，不客氣地拿了三大塊。吃完，再拿一杯 Amino，從地上塑膠布裡的冰塊堆，想抓起一把冰塊，卻因雙腿僵硬，無法屈膝，只好直挺挺地側身抓幾塊最上層的冰塊，全倒進杯子裡。實在是熱，這一段路也很悶。剛剛吃西瓜時，看到曉鶯從補給站跑過。

好不容易跑跑走走到 90 公里，只剩下 10 公里而已。到這裡，總共花了 11 個鐘頭又 2 分鐘。配速表定時間是 11 個鐘頭又 20 分鐘，還「領先」18 分鐘，加油，就快到了。心裡這麼自我打氣，雙腿卻怎麼樣都快不起來。這時，跑向折返點的跑者越來越少。不過，大腳丫 100K 眾家兄弟姊妹陸續從旁經過，一一數著，怎沒見到再乾兄，坐車回去了嗎？92、93 公里處，突然看到楊總就立在少有的樹蔭下。楊總，在等人？「我等阿桂她們，要把她們通通帶回去。」「阿桂她們還在後面，沒見到再乾兄，我先回終點去了。」

95 公里，前面還是一條蜿蜒的人龍。往折返點去的方向，已經沒甚麼人，卻看到金書會長雙手捧滿

Amino 和一瓶飲料跑過來。「教授，給你一包，吞下去，就跑得動」。雖然剛剛已經吃跑喝足，感動之餘還是吞下一包 Amino。足感心，沒想到金書會長完賽後，會再跑出來，而且手上還拿一堆補給！

剩 4 公里，加油，跑起來。剩 3 公里，腳步加快。右邊 80 公里處的補給站，要不要再去吃喝一下，不。左轉進公路，心情越來越激動。路旁傳來男子清朗的歌聲，不知道他唱些甚麼，但歌詞裡一再出現 Saroma。這位用歌聲為選手加油的男子，好像在前面的某處見過，當時他就站在對向車道路旁，也是唱著這首歌。剩 2 公里，看到曉鶯的背影，腳步快了起來。剩 1 公里，路旁加油的民眾多了起來，越來越接近曉鶯。華萍二老站在左邊拍照，這時心血來潮，來一張跳跳照，順便大喊一聲耶。阿華田穿著涼鞋跑過來陪跑，兩人肩並肩跑著。前方，小鋼珠陪著曉鶯。

「寶哥，往這邊，那邊是 50 公里的人跑的」，哦，裁判也要我靠右。向右轉，終點拱門就在前方。「寶哥，我們跑快一點，偷偷趕過曉鶯和小鋼珠。」好。兩人加足馬力，往前衝，越過小鋼珠。「寶哥，到終點拱門了，手舉起來。」終點拱門，我到了，心情激動，握拳舉起雙手。大會時間下午 5 點 31 分，薩羅馬湖 100K，我跑了 12 小時 29 分 09 秒（大會時間 12 小時又 31 分 28 秒，因晚出發 2 分多鐘）。

十八

薩羅馬湖超馬，我來，我見，我完成。

十九

過終點拱門後，轉身，脫帽，鞠躬。這是我想做的，原因無他，對賽道上所有的工作人員與加油民眾，致上最高的敬意而已。原本想來個痛哭流涕，但原生花園那一段路「壞」了感動的心情。阿華田陪我到一旁的帳篷，不知誰說照張相做紀念。阿華田遞來一杯冰水，原本想彎下腰來，解開繫在鞋帶上的晶片，交還給大會工作人員，小鋼珠卻說：「不要蹲下來，這個時候蹲不下來。如果蹲下來，等一下會站不起來。」這時，一位親切的大會服務人員蹲下來，輕輕地解開我的鞋帶，取下晶片。我看著一旁的小鋼珠，他也蹲了下去，替曉鶯解鞋帶取晶片。一時之間，一股情緒湧上心頭，如果是我，我會像小鋼珠一樣蹲下去嗎？又看著阿華田，如果是我，我會像阿華田那樣陪跑嗎？又想到金書會長，我跑完後，會再跑個 10 公里，給大夥送補給嗎？又想到楊總，如果是我，我會等人嗎？還是自己先跑回來？唉，這些血性男子。

左腿膝蓋後側痛得很，走路一拐一拐的。拐回休息區，坐在草地上休息的大夥鼓掌迎接，我馬上使出拉弓的動作，說：「我回來了。」豐原奎馨兄領著我去

取回藍色衣物袋,並帶我去帳篷區洗熱水澡,還一一解說。試著脫下鞋襪衣褲,但全身肌肉緊繃、痠痛,僵硬到坐不下來。勉強褪去鞋襪衣褲後,扭開水龍頭,流出來的全是小股的熱水。唉,無魚蝦也好。

洗去一身疲憊,到熱飲區拿一杯三合一咖啡,慢慢享用著。看到麗娟小姐端著拉麵,趕忙問哪裡來的。這時又聽到楊總說:「大腳丫,照團體照ㄡ。」我笑著對麗娟小姐說,這次不照了,我要去吃碗拉麵。

坐在類似溜冰場看台觀眾席上吃拉麵,望著廣場上或坐、或站、或臥的跑者們,回想今天一整天的經歷。12個半小時,往一個目標,一直跑著,這到底是要證明甚麼呢?腦袋一片空白,想不出個所以然來。

這碗拉麵,老實說,很普通。不過,能喝到熱湯,倒是一件非常痛快的事。或許,跑步就像吃這碗拉麵一樣,很普通,但跑完後,很痛快。吃完拉麵,看看夕陽下的廣場,是該回去集合搭車,繼續前往下一個目的地的時候了。

二十

跑完薩羅馬湖超馬到現在,已經一個多月了,左腿膝蓋後側的疼痛已經消失,對 12 個半小時一直跑著的記憶也逐漸模糊。寫這一篇戰紀時,必須時時上網翻看阿華田、小語等夥伴的相片部落格。這些相片

不僅記載著五日遊的點點滴滴，更會勾起一同出遊的
人的種種思緒。對我來說，這次北海道之行的最大收
穫，不在於完成超馬，而在於大腳丫夥伴之間那種無
私互助的情懷。這次旅遊中，這種令人感動的片刻俯
拾皆是：阿桂與小語就像一對苦情姊妹花，互相扶持
回到終點；敏昌與三口組就是活生生的「三人行必有
我師焉」；金書的回頭補給；楊總的帶她們回來。還有，
74 公里處的大修與美專，像不像七夕的牛郎與織女；
早餐桌上，金書問我，教授，你的麵包在哪裡拿的。
幾乎在同一時刻，金書的阿娜達立刻說：「你要不要吃，
我幫你拿」。

超馬再怎麼長，總有個終點；旅遊再怎麼久，總
會回到原點；北海道薩羅馬湖超馬的點點滴滴，卻沒
有終點，也不會回到原點，它會在夥伴之間一直流轉
著。

二十一

「你們不要給我小費，你們只要在日本多多消費，
幫助日本的經濟就好了」，智軫小姐這麼說著，當我們
商量著要給她小費時。最大和最用力的掌聲獻給智軫
小姐。

二十二

聽說下回要組隊到蒙古跑馬，真的嗎？

薩羅馬湖超馬戰紀之
一個都不能落馬

　　在一場完成率只有 68%的馬拉松賽裡，一支 34 人
的隊伍竟然全數在時限內，通過終點拱門，這實在是
有點兒不可思議。會這麼說是因為如果那是一場
42.195 公里的馬拉松，百分之百的完成率，其實也沒
有什麼，畢竟場次跑多了跑久了，落馬反到顯得不太
尋常。可是，如果那是一場超過 42.195 公里的超馬，
沒有人落馬，全數過關可就有點兒什麼了。日本北海
道薩羅馬湖馬拉松就是一場超過 42.195 公里的超級
馬拉松，而大腳丫 34 人參賽隊伍全數在時限內歸隊，
這可是一項難能可貴的成就。

　　探究無人落馬的原因，除了個人的賽前積極練習
之外，一項不可忽視的因素是隊裡瀰漫著一股不可落
馬的壓力和自己不能落馬的面子問題。不可落馬的壓

力從哪裡來？這可得從 6 月 21 日留言板上，軒豪祝大夥都能順利完成談起。軒豪的祝福得到楊總如下的答覆：「謝謝你的祝福。100k 聽說去年的完成率只有50%，這次大腳丫報名 100k 的有 17 人，大會限定時間 13 小時，我們的目標可是要每一個人都在時間內回來，一個都不能落馬。」

對我來說，「一個都不能落馬」，與其說是希望和期待，不如說是壓力。我報名參加了，我不想落馬，但我可能會落馬，就如同村上春樹所問的：「100 公里真的跑得完嗎？」

為了解答這個問題，同時消除心中害怕落馬的憂慮，我在留言板上發出「求救」的訊號：「楊總說：『我們的目標可是要每一個人都在時間內回來，一個都不能落馬』，真是豪情壯志！有沒有個頭兒領著跑，壯壯我們這些滷肉腳的膽？」從這個留言起，夥伴們七嘴八舌地開始討論此一既期待又怕受傷害的嚴肅話題。有提供意見的，如小江教練寫道：「阿華田不是好的兔子，請那位身上帶著石頭跑的楊總實際一點啦～～還有號稱完全都沒練的雲林分部長也是可行的！！」；也有分析每人實力的，如麻辣麵說：「這次大修狀況不錯，霞飛幫女將團結訓練，效果不錯，應當也會順利過關。而此次有能力跑進 10H（周醫師、

大修、松副總、阮房義、進昇），其他都得乖乖奮戰
12H。」麻辣麵語重心長地繼續說：「所以心態很重要，
要有心理準備，照自己的狀況與天候配速，不要硬跟
別人，累就休息，不要輕言放棄，應當大家都會 All
Pass。」麻辣麵的結論真是令人高興，信心倍增！

　　除了這些建議之外，當然也有想看好戲的，尤其
是那個後悔沒報名參加 100 公里的阿華田。因擔心落
馬（或者經驗不足？不會吧，已經跑了 50 馬了耶），
阿華田只報名 50 公里組。一時的算計，卻沒想到國內
賽事突然殺出個關山 100K，就給它報下去，連阿萍姐
也跟它拼了。完賽成績約 12 小時 40 分，這可讓他信
心大增，但薩羅馬湖超馬報名期限已過，無法再更改。
於是阿華田戲謔地說：「倒是跑 100K 的哥姐們，要
是被關門的話，那可就要跳進薩羅馬湖嘍！要跳時記
得脫鞋子，這樣游起來會比較舒服喔～哈～」。另外，
或許是知夫莫若妻，麗娟姐也發出「求救」訊號：「TO
萬寶教授：你怎麼把楊敏昌給忘了？你們可是難兄難
弟，13 小時內能走著回來就不錯啦！但是百 K 你有
經驗了，應該是楊敏昌跟著你跑才對ㄟ～～」

　　我有經驗？那個祈福 100K 真的是個不能承受之
重，是個痛苦的回憶。要不是和坤堂兄一起數著電線
桿前進（跑兩支，走一支），藉以克服南部特有的毒

辣太陽，我可能只跑到楓港就豎白旗投降，早早打道回府去了。只跑過一次，實在無法成為別人學習的對象。這次我也怕落馬，所以才想找個帶頭大哥啊！哪知道這個年頭酒肉朋友易得，帶頭大哥難尋。

六月二十四日，八點多的班機飛往北海道千歲機場。在往機場的巴士和往日本的飛機上，眾人興奮地嘰嘰喳喳說個不停。嚴肅的「一個都不能落馬」的話題，於大夥的談笑中尚未發燒。直到下飛機，搭上往會場的巴士上，在自我介紹裡，這一個話題才正式談開。再乾兄說他肯定會是最後一個，但會在 13 小時內回到終點，只是不知是走回來，還是被大會的收容車載回來。我則說，別和我搶最後一名。阿桂和小語兩位小姐也說，教授，我們一起跑，一起進終點，再來個終點線上痛哭流涕！在自我介紹裡，除了麻辣麵點名的幾名悍將之外，其他的人心裡多少浮起一朵憂慮落馬的黑雲。

我又說，楊總的「一個都不能落馬」，就像一道軍令，軍令如山，要如何完成？期望有個帶頭大哥，能帶領我們這些滷肉腳安然回到終點。我開玩笑地建議，希望阿華田能盡快完成 50 公里，然後跑回 80 公里處，再陪我們跑回終點。如此，大夥完成 100K，阿華田也跑了 90 公里，稍補沒報名 100K 的遺憾。這麼

說無非是希望自己不要成為落馬的一員，落馬不僅是憾事一椿，更是面子問題。「一個都不能落馬」，當其他隊友全數通過 100 公里的考驗時，若自己成為唯一的例外，那這個「唯一」恐怕也不好受吧！

喜歡送人千萬的金書會長除了祝大家完跑外，說他完成 50 公里後，會再陪大夥跑回終點。楊總已經下指令了，千萬要給它完成，又抖出一個千萬。眾人擔心在薩羅馬湖落馬不無道理，因為這裡的馬拉松除了那個令長跑愛好者砰然心動的數字 100 之外，它還設有道道關門時間。時間一到，紅旗一舉，準時關門，被關在門外的全坐上車回會場。換句話說，沒在關門時間之前通過者，注定成為落馬的一員。薩羅馬湖超馬共有七道關門處，每一道關卡就如同一頂黑雲一般籠罩著每一位參賽者的頭頂。門裡門外（其實是線內線外），也不過就是一線之隔，竟然是天堂與地獄的差別。村上春樹問的「100 公里真的跑得完嗎？」頓時成為真實的心理負擔。

說到底，馬拉松是一項靠努力且獨自完成的運動，它注重的是個人的耐力與意志力。尤其是在 100 公里的超馬賽事裡，跑到後段，全靠意志力的支撐，才能完全跑完漫漫長路。隊友的加油打氣兼協助，固然可以克服漫長路程中的體力與精神虛弱，但放棄是簡單

的，只要拿下號碼布，坐上車，一切痛苦也就結束了。看，放棄多麼簡單。「一個都不能落馬」，又是多麼的難！

6 月 26 日，清晨 5 點，氣溫攝氏 9 度，日本北海道北見市湧別町湧別綜合體育館，3,657 人（百 K 啊！）。氣溫低得人人發抖，我們要跑在一起，我們要跑在一起，我們要跑在一起，聲響迴盪在空中，也纏繞在心裡，很像沉溺前最後那一根希望能抓得住的野草。為了「一個都不能落馬」，我們究竟有沒有跑在一起？或者說，那一道「一個都不能落馬」的軍令，有沒有把我們綁在一起？

5 公里，甚至是 10 公里之前，「我們」是有跑在一起的，只是這個「我們」出自不同的組合，楊總、再乾兄、敏昌兄、國鎮兄、于川和建志、阿桂和小語，再加上我，不一樣的「我們」跑在一起！小江教練、大修、麻辣麵、周醫師、房義兄、進昇、曉鶯、光耀等已不知去向。10 公里時，身旁只剩楊總；20 公里時，只剩我自己獨行，已經不知道誰和誰跑在一起。

漫漫長路，在前往 54 公里休息站的路途中，和光耀打過照面；在休息站遇見曉鶯，在 67 公里處被楊總超車，一直到原生花園之前，除了光耀之外，都沒遇見隊友。78 公里後，陸續遇見周醫師等快腿，也見到

50 公里組的隊友迎面而來。和會長擁抱，也和阿華田抱在一起。繞過 88.5 公里的折返點後，陸續看到曉鶯、國鎮兄、于川和建志、阿桂和小語。多麼令人高興，大夥都通過陣陣關卡，等一下，怎沒看到再乾兄？難道已經被收容車給載走？心頭一陣不安。

通過 90 公里關卡，前進 2 公里，看到楊總站在難得的樹陰下不知在等些什麼？「一個都不能少，要把小語和阿桂她們給帶回去」，楊總說。她們都還在後面，但沒看到再乾兄，大略說了一下後邊情況後，繼續前進。96 公里，金書會長迎面而來，手裡還拿著飲料和好幾包 Amino。「萬寶兄，灌一包下去，我去陪其他人，一個都不能少」。剩最後 2 公里，湧起吃奶的力氣，奮力往前跑。剩最後 1 公里，看到曉鶯的背影。剩 300 公尺，阿萍姐在一旁照相，阿華田穿著涼鞋跑過來陪跑，前方小鋼珠陪著曉鶯。「寶哥，我們衝，偷偷追過曉鶯」，阿華田說。沒問題，衝，一口氣超越曉鶯和小鋼珠。「手舉起來」，阿華田說，「已經到拱門了。」大會時間 12 小時 31 分，我沒有落馬，其他隊友呢？

後來得知，在金書會長、楊總和敏昌副總的陪伴下，大夥陸續歸來。就連早就一拐一拐的再乾兄、大修都靠著豐富、老到的超馬經驗，在時限內達陣。但，

50 公里組的還有人沒回來。金書會長一聽，馬上衝出找人。最後一人總算在關門前 90 秒有驚無險地回到終點，聽說是被小鋼珠給帶回來的。歷經 12 小時多的煎熬，從清晨跑到傍晚，從攝氏 9 度到太陽曬烤到舒爽黃昏，漫長 100 公里（當然還有 50 公里組的，他們的起跑時間可是在大大的太陽底下呦）終告結束，大腳丫 34 人，全數回到終點。一個都不能落馬，一個都沒有落馬。

　　賽前楊總的「一個都不能落馬」，既像一道軍令，更是一個攸關面子的問題。回想起整整 13 個小時內，大夥所經歷的各種痛苦與煎熬，沒有人落馬近乎無法想像的天方夜譚。其中最為驚奇的莫過於阿桂和小語，在 69 公里又 100 公尺處，以衝百米的速度，闖過 70 公里的關卡，距關門時間只剩 50 秒，裁判都已經準備舉紅旗了。要是兩人稍微遲疑，大概會被請上車，直接載回會場。又，若不是敏昌兄如教練般提供豐富的跑步經驗，以及矯正跑步姿勢，麥可自承大概跑不到 50 公里。又，若不是千萬金書會長與楊總的陪伴，會不會全數歸隊還很難說。

　　馬拉松是一項個人的運動，但馬拉松更像是一項團體的活動。春上村樹跑完薩羅馬湖超馬之後說：「超級馬拉松所帶給我的各種東西中，意義最大的不在肉

體上，而是在精神上，它帶來某種精神上的虛脫感」。
我卻不做如是想。在精神上，我並不虛脫，反倒覺得
充實盈滿，盈滿的是對隊友間互相協助的感動。村上
春樹之所以感到虛脫，是因為他是一個人獨自完成薩
羅馬湖超馬的；我之所以感到充實盈滿，是因為我和
一群大腳丫好友一起完成薩羅馬湖超馬啊。

怎麼會有人「玩」這項運動？－鐵人三項初體驗

　　怎麼會有人「玩」這項運動？說的不是一般人較常從事的休閒活動，也不是許多人眼中的「瘋狂、帶有自虐性質」的馬拉松長跑，而是只能想像一下就好的鐵人三項。想像一下就好？對。騎自行車嘛，不是問題，除少數天之驕子（因為只會開車）外，誰不會騎自行車，只是速度慢點而已！至於說到跑步，只要有腳就會跑，不是有本書的書名叫做《天生就會跑》嗎？小時候每到吃飯時，不是都跑給媽媽追嗎？速度是關鍵，距離更是重點！所以嘍，騎自行車與跑步，大夥都會。談到游泳，可說是許多人心中「永遠的痛」。小時候老師沒教，長大後沒時間學。久而久之，不會游泳成為可以說出的遺憾之一，不是不能說的秘密。

　　好啦，你會說，還是有很多人會游泳呀！對，很多人可以在游泳池游泳，但在湖裡，甚至跑到海裡呢？又，這個嗎，遲疑一下，答案是「謝謝，再聯絡」。所以，鐵人三項，想像一下就好ㄟ。「鐵人三項」：游泳、騎自行車和跑步。後兩項人人都會，前一項少數人會。但就是這前一項，讓許多人遲疑一下，然後是「謝謝，再聯絡」。不過，就像「獨戀這枝花」一樣，還是有一些比「瘋馬拉松」更癡的男女，專門挑讓許多人卻步的鐵人三項。為什麼？三鐵迷人嗎？你問。聽我道來。

　　也不知為什麼會報名參加苗栗鐵人三項半程賽？可能是在堅固，甚至是過硬的路面上跑了一陣子後，總想試試雙腳不要踩在路面上的運動的感覺吧！至於

三項運動，分開來看，都會。合起來，沒試過。好吧，
既然要嚐鮮，就試試看囉。

比賽地點在苗栗西湖度假村，離台中很近，也是
大腳丫路跑團訓的地點之一，這大概也是會報名的原
因。比賽當天早上報到時，會場已經是一片車海加人
海，雖然只是半程加接力賽，連同親屬友好加油團在
內，也有千人之多。

令人有點惆悵的是，雖然處處可見綠色袋，那卻
是大會分發的環保袋，不是大腳丫專有的綠色衣物袋。
在報到處看過來，望過去，就是沒有熟悉的身影，看
不到馬場慣有的丫族大軍。儘管事先已經知道，這場
半程賽會內只有我報名，三鐵隊的英雌好漢們全報名
明日的全程賽，還是有點不適應。此種情景，你大概
馬上連想到：「風蕭蕭兮易水寒，壯士一去⋯」，唉呀，
這是鐵人三項運動，不是荊軻刺秦王。

　　幸好在進入轉換區之前,遇到第十六組的春火兄,真有他鄉遇故知的感覺。一問之下,才知道他是經由公司報名,而且也是三鐵處女航。到了轉換區,先在檢錄處讓工讀生在雙手和雙腳,寫上大大的比賽編號,再將自行車和其他衣物,放置於指定的位置。每每覺得在手臂或大腿上,以油墨筆寫上比賽編號,總有種很威的感覺。

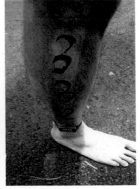

大會的開幕式，和其他運動比賽沒麼不同，表演節目、長官致詞、「正妹」熱身操、裁判長解釋比賽規則。比較特別的是，表演節目由日本靜岡縣鬼太郎大鼓擔綱演出。鼓聲隆隆，伴隨有點殺氣、悲涼的蕭聲，聽起來震撼人心，還真的有易水寒的味道。

　　大會司儀在熱身操之前，一再提醒參賽者必須熱身，因為水溫只有攝氏 26 度（真的?，我很懷疑），水深四公尺。聽到這兩個數字，沒什麼感覺，都已經來了，難道要被這兩個數字打回嗎？

　　比賽嘛，除非天災停賽，不然該來的總是會來。下水的時候到了。數百人分梯次集合在湖岸邊，等著裁判長的哨聲。第一梯次於一點正式啟航，爾後每隔

三分鐘分梯入水。我排在第四梯，正當要入水之際，沒想到第一梯的第一名已經游回，即將上岸。望著他上岸，跑向紅地毯的身影，心裡想著，這可能嗎？750公尺只游了九分鐘！

　　輪到本梯次下水，還真有點猶豫。先在階梯上潑水，再慢慢入水。哇，水真是 XXX 的冰，一股恐懼感籠罩全身。在游泳池裡游泳，不是問題，可在湖裡全沒試過。一直試著對自己說不要緊張，慢慢游，等適應之後，再以平常的速度和方式游。心裡是這麼想，泡在冰冷的湖裡卻全然不是那回事。也想到竹泉隊長說過：「一般都是在 50 到 100 公尺被撈上岸，過了之後就不會有問題。」唉呀，如果是這樣就好了。

　　也不知道游了多少公尺，耳邊聽到「不要再讓他游了」、「拉上來，載回去」的聲音此起彼落。眼看和

我戴同樣顏色泳帽（粉紅色）的參賽者一一離我遠去，依舊被恐懼籠罩的我只能沿著圓形浮標，以抬頭蛙式慢慢游。期間也曾試著以正常蛙式划水換氣，然而，換氣非常不順，總感到一股強大的壓力頂住胸部，再加上偶爾吃水和擔心可能「溺斃」的恐懼，一直都以抬頭蛙慢慢，慢慢的游。

到了第一個三角轉彎點，身旁參賽者的泳帽顏色已經變成綠色，粉紅色泳帽只剩三兩點在水面上漂浮。第一個三角轉彎點，意味著已經游了 250 公尺，已過竹泉隊長說的「被撈起來」的危險區域。適應了嗎？沒有，冷和恐懼依然佔據全身。在前進第二個轉彎點途中，碰到和我一樣的「慢速烏龜」好幾隻。「烏龜們」都沿著浮標游，有時是一手抓繩，一手划水。總想要超越他們，卻又不敢離「救命繩」太遠。幾次鼓起勇氣從旁超車，並對著他們說：「對不起，我要超車了，如果踢到你，請多包涵。」

過了第二個轉彎點之後的第一個平台，突然覺得大腿快要抽筋，連忙抱著浮標，對最近的救生員大喊，雙腿快要抽筋。那個救生員起先沒有聽到我的「求救聲」，待聽到後，連忙向我丟來魚雷浮標。位置偏了，撈也撈不到，幸好一旁游過的參賽者把浮標往我的方向推過來。抱著浮標，緩慢游向救生員平台，被他拉

上去休息。此刻，心中浮起的念頭是「算了，不要游了，冷得要命。」問救生員，可以帶著浮標游回終點嗎？他的回答是令人失望的堅決：「不可以。」怎麼辦？

在平台上休息片刻，望著遠方迷濛的終點，還是決定下水游完。但要怎麼從平台下水呢？用跳的？正面入水？都不是，是趴在平台，慢慢入水，姿勢不是重點，安全擺在首位。為了避免大腿抽筋，還是以抬頭蛙式，緩慢前進。此際耳邊傳來「最後一批帶浮標下水」的聲音，以梯次入水時間來換算，已經在冰冷，且有點味道的湖裡游了將近 24 分鐘。然而，那就像好幾個鐘頭那麼長。戴著有度數的泳鏡，看著前方不太清楚的終點，我小心翼翼地往前游。

終點的影像越來越大，裁判長的聲音也越來越清楚，這表示快要抵達終點了。會很興奮吧，你說。當然！但就在即將上岸之際，猛然踩個空，差點又喝了一口湖水。原來是急著上岸脫離苦海，忘了雙手要多划兩下，還沒到階梯，就想上去。好不容易踏上紅地毯，雙腿卻不太聽使喚，只能僵直地前進。耳邊又傳來裁判長的聲音：「三鐵裡最困難的游泳已經完成了，接下來就容易嘍！」是嗎？

　　摘下泳鏡和泳帽，從太座那裡取回近視眼鏡，小
跑步到編號 332 的自行車處。沒想到心急之下，還跑
錯位置，太太在身後一邊喊一邊笑。唉，旁邊不相干
的路人甲也在笑。

穿上背心隊服，襪子、鞋子，戴上手套、車帽，向轉換區一看，哇，場內剩沒多少輛自行車。牽著車急忙出場，通過檢查口，和竹泉隊長打聲招呼（隊長今天擔任裁判），到紅區，跨上座墊，雙腳用力踩，三鐵第二項－自行車，正式開始。

騎不到 100 公尺，就是個小上坡，只好命令肌肉還轉不過來的雙腿用力踩，一邊變換齒輪。騎到育英國小，離轉換區也不過 300 公尺不到，就聽到警車的刺耳鳴叫聲。什麼？才騎 300 公尺，第一名就已經回來了。再往前不到 100 公尺，第二名也回來了。由於正好在轉彎區，工讀生連忙擋在路上，要我減速，免得兩車相撞。我只好減速！

再往前是危險的下坡路段，路旁的工讀生，數人一組，大聲喊著：騎慢一點，騎慢一點。雙手握著煞車把，降低車速，但還是有勇猛的騎士像風一般，從旁飛過。在台 13 線上，交通管制良好，且還是管制北上的雙線道。由於是下坡路段，腳都不用踩踏板，任單車自行下溜。其實，踩也沒用，因為根本都踩空。所以嘍，就讓地勢帶著單車乘風前進。

轉進三義舊陸橋，奮力踩著踏板，往折返點飛去。說飛，是有點誇張。風是側風，在空曠的橋上，好似可以把騎士吹離道路一般。拿了信物，回程的路線都是上坡。有下就有上嘛！上坡路段，一邊變換齒輪，一邊奮力踩著，又一邊和參賽者聊幾句，互相打氣加

油。我騎的車可以說是二次世界大戰級的雪曼戰車，當然和現今奈米時代的艾步蘭坦克沒得比。不過，先前桃園二鐵的經驗，讓我可以比較得心應手地變換齒輪。台13省道的上坡路段「趕」過幾個人，古董車還不錯啦！

真正的挑戰來了！大興善寺停車場的險上坡，不是一般人可以克服得了的。我和多數參賽者一樣，暫時擔任機械化步兵－推車走路。往前看，往後瞧，十個有七個都是機械化步兵。試著推車小跑，唉，跑也跑不動，坡真陡，還是走路吧。上了頂，跨上自行車，奮力踩。到了育英國小，離轉換區不遠了，心跳加速，衝。

回到轉換區，卸下「頭盔」，比個一級棒的手勢，拿起「卡打車」，快步跑出轉換區，沿著湖旁小徑而去。轉換區裡已有不少參賽者的單車等待賽後的認領。「卡打車」？你懷疑地看著我。沒那麼神勇，還扛車跑咧，是用喝的「卡打車」！

───────────── 👣 ─────────────

　　還是桃園二鐵的經驗，讓我可以比較輕易地從騎自行車轉換到跑步。湖旁小徑是悠閒的，路面是整修過的（聽說縣府總共花了一千五百萬元重鋪路面）。雖然太陽高掛，卻處處遮蔭，涼爽宜人。喔喔，一公里多之後，又是陡上坡。山路嘛，上下坡再自然不過。跑不上去，只好再當步兵。走上坡，繼續往前跑，過了水站，看見一位參賽者因腿抽筋，坐在太陽底下休息，連忙對他說，到遮蔭處休息比較舒服。

　　折返點發放信物的工讀生，看著我穿的背心，大聲喊著「大腳丫」加油。回以微笑，也喊著加油。此時，已經可以加速快跑。一口氣喝完自行攜帶的「卡打車」，一路「超英趕美」。通過陡降坡後，碰到春火兄，互道加油。跑到報到處時，路口管制的工讀生突然朝我大聲叫：「伯伯加油！」。嚇了一大跳，雖然一頭白髮，但看起來有老得可以稱上「背背」嗎？我還有一點黑頭髮耶！往右一看，唉呀誤會了，工讀生不是叫我，而是替一位跑在一旁的，嗯，看起來年紀比我大的大哥加油。邊跑邊和他聊天，原來是一位專攻超鐵的行家。早上在台北自行鍛鍊 16 公里跑步，下午到會場瞧瞧。嘿，他的速度還不慢。距離終點 200 公尺，與資深鐵人分道揚鑣。

　　進入終點拱門前，聽到司儀傳來的聲音：「比賽進行到現在，已經有三分之二的選手回來了…」。看了一眼電子計分版，上頭顯示「吳萬寶，02:18」。拿了順序卡（第 481 名）和木質完成紀念牌，外加一瓶包裝水，坐上接駁車，回轉換區。鐵人三項半程賽初體驗，就這樣完成。

　　完成鐵人三項半程賽，興奮嗎，你問？興奮嗎，我自問？回到停車場的那張臉有興奮的表情嗎？好像沒有耶，你說。確實是沒有！想到游在冰冷、有味道的湖裡，那股恐懼感餘悸猶存。下次會再報名嗎，你問？不知道，我說。賽完的次日，真的不知道會不會再嘗試鐵人三項。怎麼會有人「玩」這項運動？自行車、跑步，都在堅實的路面上，總是腳踏實地。游泳，

一離開岸邊，離最近的陸地就有四公尺之遙。四公尺很近吧，可它不是在前面，也不在後面，而是在下面。

老實說，要完成鐵人三項是有點難度，特別是要學會游泳，更要克服下水的恐懼。難就難在游泳，這也是一般人望鐵人卻步的主要原因。賽後的表情雖然有點「吉普賽」，想到過程就覺得還不錯「玩」。

什麼，怎會用「玩」這個字，你說。

我有用「玩」這個字嗎？我問。

對啊，你是用「玩」這個字，你說。

喔，難道你沒看出那個「吉普賽」的表情裡隱藏一抹微笑嗎？我說。

跑步時我是多麼想念
剛剛在水裡的滋味啊

　　恐懼，是因為不知如何面對。一旦找到對的方法，我們將勇往直前！

　　頭頂上的驕陽毫無遮掩地盡情燃燒，被烤得熱氣騰騰的我，使勁地驅動疲憊不堪的雙腿，做著再也簡單不過的左右交換前進動作。一路上，望著右手邊那一大潭波光粼粼的湖水，我是多麼想要一躍入水，藉以擺脫火辣的暑氣啊。只是，還得衝過終點線的門禁管制時間，否則…。

　　想來也真是好笑。才不過是三個鐘頭前，恐懼、心跳加速、躊躇不前都是真實的心境。更早之前，腦中亂編一些莫名其妙的理由（包括腳踏車被偷、大雨下個不停等等），為的就是希望能夠光明正大地待在家裡，然後說：「因為如何如何，所以不克參加」。讓我感到恐懼的是那一大潭深不可測的湖水。三個鐘頭後，頂著烈日，我卻開始懷念浸泡在水裡的冰涼滋味。

　　站在堤防路上，看著每隔兩分鐘入水的參賽選手們，各以不同的姿勢躍入水中。捷式（又稱自由式）大概一半，蛙式另一半。不到一分鐘的時間，一群人分成明顯的兩半：彷如蛟龍的自由式在前領軍，匍匐前進的蛙泳隨之在後。這時的我心跳加速，對水的恐懼感再度上升到頭頂。怎麼辦？放棄？落跑？都已經站在這裡了，還要找理由嗎？深呼吸！

隨著舉牌同學緩步前進。到了階梯，好像也沒什麼回頭路，跟著往下走吧。耳中傳來裁判長戰鼓頻催的響聲，還有一分鐘⋯還有十秒⋯出發。特意站在第十五梯次的最後一排，等所屬梯次的參賽者都下水後，坐在臨水的階梯上，以水潑身，想讓身體適應水溫。怕嗎？那還用說嗎，當然！

就要下水之際，突然看到一位老兄，游不到十公尺，就往回游。裁判問他：「你要放棄嗎？」他的回答很妙：「不是，我想先休息一下。」看他上岸，坐上階梯。我會和他一樣嗎？心這麼想，身體卻往前。入水的一剎那，哇，還真是 XXX 的冰。那股親身經歷過的恐懼感又回來了，真是再也熟悉不過，怕的就是這種感覺。自從苗栗三鐵半程後，這股感覺似有若無。偶爾察覺到時，腦裡馬上浮現出「幹嘛又報名鐵人三項？」這個斗大的問句。

下水了，總得往前游，難不成也要往回游上岸嗎？沿著紅色浮標前進，想換氣，卻怎麼也無法順利換氣。總覺得胸中一股壓力，讓吞吐氣變得異常困難，只好以抬頭蛙式慢慢游。這情景似曾相識，苗栗西湖就是如此。

不知游過了幾個平台，看到一位老兄緊抓著分隔水道的麻繩標線，大聲呼喊：「我要放棄，我要放棄。」

標線另一邊，一位往岸邊入水處方向游去的參賽者邊協助他，邊喊：「裁判，有人要放棄。」平台上的救生員聞聲，趕緊下水，朝他游了過去。我，還是抬頭蛙式慢慢游。

也不知道游了多少公尺，只注意到身旁泳者的泳帽顏色換了又換，問平台上的救生員，離轉折點還有多遠，約四百公尺是他的答案。天啊，游了半天才前進三百五十公尺！以這種速度游下去，上岸時，恐怕都已過關門時間。不行，要改變方式，不能再游抬頭蛙。於是，再度換成熟悉的蛙式，但在水裡則大力吐氣。這一用力吐，不得了，彷彿終於找到「芝麻開門」的正確聲調。水中大力吐氣，浮出水面吸氣，吐氣、吸氣、吐氣、吸氣，動作越來越順。對開放水域的恐懼感一掃而空，取而代之的是身心舒暢，好像可以游到天涯海角似的。那種找對方法的感覺，只能用詞窮時的字眼來加以形容：爽。就這樣，一路從四百公尺處，游回到岸邊階梯。途中還看到周醫師趴在平台上休息，跟他打聲招呼，互道加油。

四十公里的自行車，花了一小時又四十四分鐘。平均時速 23 公里，最快 44.4 公里，最慢 8 公里。當簡易碼表上秀出時速 8 公里時，我簡直不敢相信，以為是煞車皮摩擦車輪，導致車速越來越慢。趕忙停在

路旁察看，後輪沒事，前輪也沒事。那問題出在哪裡呢？問題就在雙腿沒有辦法快速踩動踏板，以致於上坡時，只看到數字一直往下掉。

　　騎著古董車，頂著烈日，一旁的風景無啥看頭。偶爾聽到嗡嗡的聲音由遠而近，然後就會看到一團一團、五顏六色的車手競飆而過。那種速度，那種輕快流暢，如行雲流水般的駕馭公路車方式，看了，真是令人心癢不已。公路車就是要風馳電掣。不過，等我繞第二圈時，多半是形單影隻的孤獨騎士，落寞地騎在空盪的馬路上，與管制車道另一邊，車輛頭尾相連到天邊，形成強烈的對比。

　　拿了三個信物，終於不用再左轉，可以直接騎回轉換區。進入堤防路，看到眾多參賽者在走路。沒錯，他們多半是用走的。幾分鐘後，我也以步行的方式加入他們的行列。原先以為應該可以小跑步才對，沒想到舉步維艱，再加上迎面就是個小上坡，從騎兵變成步兵好像是理所當然的事。走上坡，跑下坡，又走上坡，拿了信物，再跑下坡。頭頂上的驕陽真是熱得可以，望著右手邊那一大潭湖水，真想往下跳，享受涼水的滋潤。三個鐘頭前還十分恐懼，此刻竟然想泡在水裡！

　　第二圈，快到信物站時，一位參賽編號 8 字頭的步兵問我，為什麼還跑得動？當時隨口答以「堅持、強迫」等等，應該給他「加入大腳丫就跑得動」這個答案才對。拿了第二個信物後，一路小跑步回到終點。瞄了一下終點時間，四小時十九分，應該有在限時內完成吧？

　　回到轉換區，看到參賽號碼 1158 和 1162 的自行車一直都沒什麼動靜，似乎主人還沒有來騎。後來才知道兩位隊友在比賽過程中出點小意外，所幸皆平安無事。回程車上，和隊友閒聊比賽狀況，一問之下，才知他們個個都是鐵人三項好手，項項一把罩。閒談當中，吸取不少練習經驗，也知道了一些鐵馬的技術知識。原來，我對鐵馬還真是個門外漢。竹泉隊長瞧了瞧我那部古董車，嘴裡嘮叨著。報告隊長，有些事是沒那麼快就能辦好的。2010 年 6 月 27 日的桃園鐵人三項，會內不少隊友是初體驗。烏日誠哥、同宗的光耀兄、小珍等等帥哥美女，個個不僅通過初鐵考驗，成績也都非常優異。有練，真的有差。

　　回到台中，下車時，傾盆大雨。索性穿上簡便雨衣，慢慢騎回家，反正早上已經泡過水了，更何況這雨水還比那一潭湖水溫暖一些呢。

真沒想到
德國人那麼熱情！

在德國生活的好些年裡，偶爾會到森林跑步，卻從沒想過報名參加德國的路跑賽。唯獨有那麼一次想號召台灣同學報名參加薩爾布呂肯市杜特懷勒區城市路跑賽五公里組的念頭，但沒啥人響應。那時我以當兵跑過五千，五公里應該沒問題的理由，想說服男同學們一起參加。或許是當兵時被「逼」跑五千的不愉快經驗還未完全消退，總之就是沒有人想要參加。

等回到台灣，加入大腳丫，愛上馬拉松後，到德國跑馬的想望一直縈繞於心，只是時間上一直無法湊合。光陰就這樣蹉跎下去，好似沒關緊的水龍頭，任水自由流淌，等收到自來水繳費單時，再來懊惱不已。2023 年春天終於下定決心，暑假前往德國跑場馬拉松。跑哪一場？當然上網找嘍！

德國的馬拉松網站（marathon.de）提供德語區國家（德國、奧地利和瑞士）的全年度路跑賽事資料，如同跑者廣場的全國賽事一般。上去查了一下，七月只有兩場馬拉松：一場在巴登符騰堡邦的梅琴恩（Metzingen），另一場在拜揚邦舉世聞名的新天鵝堡所在地福森。考量時間與交通，選了梅琴恩馬拉松。梅琴恩是舉辦路跑賽事的小鎮鎮名，馬拉松的名稱為厄姆斯山谷馬拉松（Ermstal-Marathon）。厄姆斯是一條流淌在好幾座山谷，長約 33 公里的小溪，最後注入內卡河。山谷馬拉松，顧名思義，乃是沿著厄姆斯河

岸跑步的馬拉松。若光看名字，山谷兩字著實嚇人。仔細看高度圖，哎呀，也不過上升一百公尺而已，和台灣各地的馬拉松比起來簡直就是小菜一碟。以五月的台東關山馬來說，那四公里的山路，簡直是只有「XX卡好」可言。

梅琴恩馬拉松固定在每年七月舉行，2021 和 2022 年因疫情停辦，2023 年恢復舉行。起跑點設在梅琴恩鎮中心凱爾特人廣場，跑到 10 公里外的巴德烏拉赫操場，來回兩趟。除了全馬組外，當天賽事還有半馬、10 公里、國中小學童的 600 公尺和 1100 公尺組、北歐健走（7.5 公里，含身障人士組）。

起跑時間上午九點。對台灣同胞來說，九點起跑真的是在開玩笑，九點的日頭都可以曬乾棉被了。德國的早上九點卻是宜人的氣溫，十幾度吧。即使到中午，也不過就二十度出頭，只要避開直射的太陽就好。只是天真的有不測風雲！七月初，熱浪席捲德國中南部，到處都是熱烘烘的，南歐地區的森林大火紛紛佔據報紙頭版。2023 年七月是德國有紀錄以來最熱的一個月份，部分地區的氣溫高達攝氏 38 度，而且陽光露臉的時間也是有史以來最長的。

起跑後，出了小鎮數百公尺的道路，過了鐵軌下方的涵洞，便進入郊區，之後整條十公里的路上完全

無遮蔭，頭頂上的天空無半片雲朵，火辣辣的陽光烤得人的皮膚發燙。星期日早上通常是德國人上教堂，或者享受悠閒上午時光的日子。沿路只要有人站在路邊，莫不鼓掌喊加油，掌聲加喊聲不絕而耳。

郊區路旁人家，或許「配合」一年一度的路跑活動，家家戶戶都在自個家門前擺上桌椅，把豐盛的早餐堆放在桌上，一邊享用，一邊替跑者加油。由於實在是太熱了，許多人家用自家水管幫跑者降溫，一處的消防隊甚至架設水瀑布，讓跑者沖涼。其實最高興的非住在附近的小朋友莫屬，每個都只穿著泳衣泳褲，興高采烈地在水幕裡玩水。

跑第二趟時，實在是太熱了，索性往路旁人家陽傘下的早餐桌椅坐進去，休息一下，順便哈拉兩句。這些德國人真是熱情，水啊、咖啡啊、麵包啊，要我盡量吃不要客氣。我只喝了一杯水，說了一個德語冷笑話，沒有人笑。有點尷尬的我解釋一下，他們說他們聽得懂。言下之意是，這個笑話不好笑。

和台灣馬拉松的補給站相比，山谷馬拉松的補給內容實在陽春，水、運動飲料（和可樂）、香蕉、糖果，以及一些巧克力。好在近年來跑馬時，已經不太吃主辦單位提供的豐盛食物。有時就只喝水和運動飲料，頂多再來半根香蕉加點鹽巴而已。大腳丫隊友常開玩

笑地說，跑不贏人家，就要把它給吃回來，我既跑不過人家，也吃不過別人。

補給站吃吃喝喝這方面，我寧願相對保守一些，以免突然肚疼，找不到廁所。2019 年大雅晨曦麥香馬拉松，跑到機場外圍郊區時，腹部突然一陣劇痛。看前看後，沒有人家。忍了一兩公里後，見到左側有家工廠，趕忙跑去大門警衛室借廁所。幸好來得及，要不然可是會一褲子 XX。

最近幾年養成自行攜帶折疊水杯參加馬拉松的習慣。這類可重複使用的水杯相當便宜，迪卡農一個也才賣 99 元，卻可以使用 N 久。自行攜帶水杯，主要是不想浪費一次性的塑膠水杯，也未必一定跟環保有關。

當我跑到第一個水站，拿出摺疊水杯時，左右手各拿一個大會水杯的志工愣了一下，不知該如是好。三秒鐘後，這位志工把一個水杯放進我的水杯裡。我笑了出來，對他說把水倒進我的水杯即可，這樣就少用一個大會的水杯。每到一個水站，我都要解釋一遍。第二趟，已經不用再說了，他們一見到我的水杯，便把水或運動飲料或可樂（溫的可樂，天氣太熱了）倒進我的水杯裡。

這場賽事，除了我之外，沒有任何一位參賽者自行攜帶水杯。因此可以看到水站附近的路上，丟得到處都是用過的水杯，還好水站志工或者附近小朋友會幫忙撿拾整理。

第二趟回程時，遇見從另一地點出發，往梅琴恩終點去的北歐健走組。這組的出發時間為下午一點，跑得慢的我才有機會遇見他們。參加這組的人數共有 126 人，有人健走，有的拿著北歐健行杖，也有搭乘手推輪椅或拿拐杖的身障人士。拿拐杖的參賽者有好幾位，每一位都有一位大會工作人員陪同，其後兩位工作人員推著腳踏車跟行。也看到一位盲人，右手搭著工作人員的左肩，一路往終點走去，兩人走在路上有說有笑的。

在台灣，多數的路跑賽中，都可見到視障選手和領跑員並肩齊步的身影。沒有領跑員的熱心奉獻，視障選手幾乎無法參加路跑賽。8 月 13 日大腳丫協辦的小突兔台中烏日公益路跑，也見到一位拿拐杖的參賽女性，專程從台北下來，就是為了小突兔。我這個維持交管的路口志工，看著她賣力的身影，吼著嗓子為她加油。她是有完成五公里健走的。

或許是老天看在我遠從台灣來到德國跑馬拉松的份上，不僅德國的太陽全程給我大大的擁抱，馬拉松

成績更是前所未見的好：男總排第 45 名，分組排名第
二。哇，從來沒跑過那麼好的成績！

　　不過，這種成績最多只能高興一秒鐘。因為馬拉
松組總報名人數僅有區區 87 人，所屬的 M60 組只有
5 人。87 位參賽者中，只有 61 人完賽，其中 12 位是
女性跑者。有 10 位女性跑者比我先回到終點，我的總
排是第 55 名。哎呀，管他的，阿拉伯數字 2 和 45 印
在成績證明書上，沒幾個人看得懂證明書上的德文，
更不會有人有那個美國時間上網去查一下（網站上也
都是德文，哈！）。不過看到 5:08:27 一定會生出狐疑，
這種成績還排第 45 名，難到德國沒人了嗎？

URKUNDE

13. Ermstal-Marathon 9. Juli 2023

Wan-Bau Wu

(Duesseldorf)

erreichte beim Stadtwerke Metzingen Marathon

in einer Zeit von 5:08:27

den 2. Platz in der Altersklasse M60

und den 45. Platz unter allen Läufern

關於跑步，
村上說的其實是…
－村上的跑步手札

壹、前言

很少有哪一位作家像日本籍作家村上春樹（Huraki Murakami）一樣，遨遊於長篇小說、短篇小說、散文、遊記、隨筆和紀實文學之間，而且每一部作品都能獲得世界上其他國家的人閱讀。村上的作品被翻譯成 40 國以上的語言，據估計他的讀者應該有一千萬人以上。[3] 村上以長篇小說為他的生命線，在長篇小說之外，也創作不同類型的作品。其中有一部比較特別的作品是《關於跑步，我說的其實是……》。這一部 2007 年出版的跑步手記，記錄村上從 2005 年 8 月到 2006 年 10 月之間的跑步與感想，堪稱是村上的「跑步經」。這本「跑步經」不是一本教導該如何跑步才能促進健康，或者創造個人最佳成績的專業書籍，而是一本記錄他自己如何以兩腳移動，以及移動（也就是跑步）時想些甚麼的感想與感悟的筆記。

貳、跑步的意義與功能

「跑」是個兩腳交互前進，一腳著地，一腳離地的動作。[4] 跑的速度較慢時，兩腳掌會同時著地；若

---

[3] 林少華著，《為了靈魂的自由－村上春樹的文學世界》，香港：天地圖書有限公司，2014 年，頁 7。

[4] 跑步專家對跑步的姿勢性描述是，「一切從把腳移開地面開始，

是速度較快，跑起來兩腳離地，看起來就像騰空飛躍一般。跑步是人類與生俱來的本能，人天生就會跑。問題是，人為何要跑，而不是輕鬆地以兩腳步行？生物學家告訴我們，鹿（也就是古早人類的食物來源之一）在快跑時，速度比人類還快。但若同樣處於慢跑，則人類的速度比較快，更重要的是人類可以跑得較久較遠，「甚至不用跑得太快，只要將獵物保持在視線內，十分鐘內你就可以追到牠喘不過氣來。」[5] 人類之所以跑步，原始的動力在於取得（肉類）食物，靠的是專注力與耐力。

在人類奔跑的歷史裡，靠兩腳不停地跑，來回兩地傳遞消息，古今中外的例子不勝枚舉。西元前 490 年，希臘與波斯軍在雅典東北方的馬拉松平原互相對峙。希臘派出一位名叫費迪皮迪茲（Pheidippides）的信使，前往距離馬拉松 246 公里遠的斯巴達求援。奔走 36 小時後，信使抵達斯巴達，但斯巴達的將軍卻要

然後身體向前自由落下，接著在幾乎沒有抬高身體的情況下，然後就開始跑了！把你的腳掌直接從地面朝身體拉起，然後順著重力放下，開始向前移動。在放下的一瞬間，同時把另一隻支撐腿從地面盡可能快速拉起。隨著這些動作不斷重複，你將完美地向前跑去。是的，就是這麼簡單。」Nicholas Romanov & John Robson 著、徐國峰譯，《跑步，該怎麼跑？》，台北：臉譜出版，2011 年，頁 138。

5　Christopher McDougall、王亦穹譯，《Born to Run（天生就會跑）》，新店：木馬文化事業有限股份公司，2010 年，頁 283。

等待神的旨意。於是信使又奔回覆命。信使回到軍營後，希臘人已經奇蹟似地擊退波斯大軍。於是這位信使又馬不停蹄地奔回 40 公里外的雅典，宣布勝利的消息「Nenikekamen」（我們贏了），隨即因過度疲累而不支倒地。[6] 這就是現今風行世界的現代馬拉松的傳奇起源。在日本的江戶時代設有「飛腳」，往返江戶與領國之間。每位腳夫大概要跑上 27 公里，才能將訊息交給下一位腳夫。這種傳遞訊息的方式乃是現代接力賽跑的源頭。[7]

時至今日，人類已經不再需要靠奔跑去追逐獵物，也不用兩腳奔跑來回傳遞消息。但每個周末，幾乎在每一個國家的不同城市裡，總是有一大群人，從數百到數萬不等，聚集在一起，從事一件千萬年以來，簡單的重複動作：跑步。不再追逐獵物，不再靠腿力傳遞消息後，跑步對人類來說，究竟還有甚麼意義？

對一般人來說，跑步可能是為了保持健康，為了瘦身減重，為了身心放鬆，為了保持活力，也可能是為了擴大社交圈，也或許是為了獲得歸屬感與認同感

---

6 Thomas Wessinghage, Markus Ryffel and Valentina Belz, *Marathon leicht gemacht*, München: Heinrich Hugendubel Verlag, (2006), pp.10-11.

7 山地啟司、山西哲郎、有吉正博著；聯廣圖書公司編輯部編譯，《跑步－重點指導》，台北：聯廣圖書公司，2000 年，頁 6。

（參加跑步社團）。對以跑為主的專業運動員而言，跑
是為了贏，以贏得第一名或創造新紀錄為目標，把第
一名或新紀錄當作是跑步的動機。[8] 跑步可以是對自
我的挑戰，看看跑固定距離所需的時間會不會大幅縮
減，又或者在固定的時間內所跑的距離會不會變得更
長。跑步時因大腦所分泌的多巴胺（Dopamine），而使
得處於跑步的身心獲得愉悅感。也有可能是為了享受
這種愉悅感，才去跑步。科學研究已經證實，從跑步
當中可以獲得「跑者的高潮」（Runner's high），提振個
人士氣，對抗日常生活中的各種壓力，讓身心靈更為
健全，人生態度更為正向積極。[9]

最後，也有可能跑步只是為了跑步而已，不存在
其他的工具性價值。[10] 無論跑步的動機為何，跑步這
項運動的特徵之一是它是個人的活動。同樣的，寫作
也是個人的活動。簡單地說，跑步和寫作都是相類似
的活動。[11] 有時兩者似乎密不可分。素有跑者傳奇之

---

[8] 為末大（Dai Tamesue）著、陳惠莉譯，《邊跑邊思考》，台北：
天下雜誌，2014，頁160。

[9] Frank Shorter, Laufen - Das Trainingsbuch für Anfänger und
Fortgeschrittene, (Starnberg: Dorling Kindersley Verlag, 2005),
p.12.

[10] 馬克羅蘭茲（Mark Rowlands）、肖聿譯，《跑著思考－人、狗、
意義和死亡》，北京：中國人民大學出版社，2018年，頁101。

[11] 同上。

稱的美國內科醫生喬治席翰（George Sheehan），在其經典之作《我跑步，所以我存在》（Running & Being: The Total Experience）一書中，開宗明義地寫道：[12]

> 有時候我不確定自己究竟是喜歡寫作的跑者，還是喜歡跑步的作家。主要是這兩者似乎密不可分。沒有跑步，我寫不出東西；而且我不確定，如果寫不出東西，我是不是還會繼續跑下去。寫作和跑步是我兩種不同的呈現，就像我的身體和心靈一樣，難以分割。

參、村上為什麼跑步？

村上先生為何跑步，而且一跑就持續 30 多年？這個問題的答案，只要是村上的讀者都會知道，可說是人盡皆知：他跑步是為了寫小說。寫小說為何需要跑步？以常人的印象來說，作家與跑者的生活作息似乎處在不同的軌道上。作家通常在夜深人靜時，靈感大發，而跑者往往起得比太陽還早，是一個叫太陽起床的早起者。

---

[12] 喬治席翰(George Sheehan)著、歐陽鳳譯，《我跑步，所以我存在》（Running & Being: The Total Experience），台北：遠流出版事業股份有限公司，2016 年，頁 19。

　　村上約在 1982 年秋天開始跑步。開始規律運動的原因是，成為專業小說家後，由於從早到晚面對書桌創作寫稿，體力下降，相對的體重逐漸上升，以抽菸來集中精神的次數也越來越頻繁。為了在爾後漫長的人生中，可以做自己喜歡的事（也就是當一位小說家），維持體力，保持適當的體重，乃成為必要。為維持體力，村上開始跑步；為保持適當的體重，村上愛上〈體重機〉（《村上收音機》）！

　　想成為一位專職的小說家，村上認為最重要的資質是才能（或才華）。[13] 有才華的人可以自由自在地寫小說，創作靈感就像自然湧泉般源源不絕地湧出，不需要多努力，作品在短時間內很快就完成。不過，村上就像其他多數人一樣，才能有限，因此必須要有效和專注地運用有限的才能。對村上來說，專注就是「集中精神認真執筆」。這項專注力還需要持續力加以支撐，否則在文學才能有限之下，專注力無法持久，也就沒辦法創作出長篇小說。更何況才能有限之際，每一次創作就像挖掘創作泉源一般，「必須手拿起鑿子一點一點地敲開岩盤，深入地底去挖掘，否則無法挖到創作的水源。」這項挖掘的工作需要堅固的體力。

---

[13] 中文版的第 54 頁用才華兩字，第 91 頁則是用才能（或文學才能）。

　　寫長篇小說需要長時間。在這麼長久的時間裡，作家面對作品裡人物的命運變化，同時作家的生活周遭也在起著變化。這些變化都衝擊著作家筆下的人物角色與情節安排。作家要對自己的作品有足夠的信心之際，中國作家余華認為，「還一定要有體力上的保證，只有足夠的體力，才能使作家真正激動起來，使作家淚流滿面，渾身發抖。」[14] 體力乃是支撐長期寫作的必要條件。

　　以小說家為職業，不僅需要一段長的時間，寫作時還需要規律與紀律。英國著名作家傑弗瑞亞契（Jeffrey Archer）在接受《讀者文摘》（Reader Digest）訪問時，談到他的寫作規律：早上 6 點起床，然後以寫作 2 小時，休息 2 小時的模式度過一天，直到晚上 10 點多就寢。亞契說：「我必須有紀律，否則就甭寫了。我可以搬出一百個不在早上 6 點鐘起床寫作的理由。但我要求自己做到，而這確實也是我中意的作息模式。」[15] 這篇訪問裏並沒有提到亞契如何貫徹自我要求的規律與紀律。一般說來，以寫小說為職業，甚至任何類型的職業都需要某種的規律與紀律。而村上

---

[14] 余華著，《沒有一條路是重複的》，北京：作家出版社，2017 年，頁 113。

[15] Fiona Hicks，〈高潮迭起的人生－Jeffrey Archer〉，《讀者文摘》，2018 年 6 月號，頁 38-43。

就選擇跑步，以跑步來支撐長時間寫作所需要的體力，以*每天*跑步來維持寫作時所需的規律與紀律。而選擇跑步的原因很簡單，因為「只要有路就行了」。不過，「只要有路就行了」只是表象原因，否則騎自行車也可以是選項之一。[16]

村上之所以選擇跑步來支撐他所喜歡的職（志）業，原因之一是跑步與寫作的類似性。村上多次提到兩者的可類比處。首先，跑步是個人的體力行為，寫作也是，而且「寫作從頭到尾都是個人的體力行為」。村上在他的《身為職業小說家》中提到，「寫小說是一個獨自一個人的事，沒有人可以代勞，都只能一個人進行，直到結束。」換句話說，寫作是一項孤獨的作業。同樣的，跑步也是。儘管可以參加跑步團體，一群人一起跑步。但跑步終究是一個人的事，沒有人可以代勞，直到跨越過終點線為止。這也是為什麼所有的路跑賽裡，甚至是所有的運動比賽中，嚴禁冒名頂替出賽。[17]

---

[16] 村上提到的其他運動選項有打高爾夫球、游泳和網球。

[17] 在正式的路跑比賽中，對「代勞」，也就是代跑，在簡章中都會有明文禁止的規定，如高雄市第四屆舒跑杯路跑賽就規定：「違反下列規定者，取消參賽成績並禁止參加主辦單位舉辦之賽事一年及公布其姓名於主辦單位網頁上：1.比賽進行中選手借助他人之幫助而獲利之選手（如乘車、扶持…等）。2.報

　　跑步類似寫作，還在於參加馬拉松比賽的訓練階段和寫長篇小說的要領是一樣的。賽前的訓練階段著重於設定節奏，累積跑量（也就是跑步的距離總合），持續讓身體處在心情愉快的過程（多巴胺！）；寫作則是在可以寫更多的地方，停筆不寫，留到明天再繼續已經轉動的節奏。跑步和寫作都是在超越自我：自我設定的長跑目標是今日勝過昨日，寫作則是設定自己的基準，讓這一本勝過上一本。

　　跑步與寫作的類似性是村上選擇跑步的原因之一，另一個原因，村上直言：長跑適合他的個性。村上自陳是一個不適合團隊競技的人，也不擅長對打的格鬥競技，而且自願追求孤絕。長跑時，可以不必和任何人說話，也可以不必聽其他人說話，完全沉浸在跑步中，在孤寂中覺察到我就是我，「同任何人都不發生連帶關係。」這個被某些人稱為「村上流新個人主義」的個性也被村上賦予在其作品主角的身上：「不在公司等必須與人協調各種關係的團體中任職…在社會邊緣地帶作為邊緣人默默擰緊自己的發條。」[18]

　　名組別與身分證明資格不符之選手。3.違反運動精神和道德（如打架、辱罵裁判及大會工作人員…等）。4.代跑者及被代跑者，請勿以任何理由將號碼布給無報名之個人參加比賽。」https://www.sportsnet.org.tw/20181014_web/（2018/08/02）

[18] 林少華著，《為了靈魂自由－村上春樹的文學世界》，香港：天地圖書公司，2014年，頁122。

　　跑步對村上來說，是有其工具價值的。為保持體力，每天跑步，以應付長時間寫作所需的持久力。規律跑步自然帶來形體的變化：脂肪消失、肌肉均勻增長、體重得到適當的控制。最重要的是戒菸。當然，跑者當中不乏抽菸者，但絕大多數的跑者是不吸菸的。反倒是因為想要戒菸而開始運動蔚為一股風潮，而所有的運動當中，慢跑乃是最佳的選擇。跑步可以幫助戒菸，只是想要戒斷菸癮，跑步就必須持之以恆。[19]「想繼續跑下去的自然想法，成為繼續戒菸的重要動機，成為克服菸癮的很大助力。」

　　規律運動可以培養正向、積極的人生態度。放在村上的身上，這項正向積極的人生態度是他用以「驅魔」的憑藉。[20] 何以要「驅魔」？村上表示，作家的工作是說故事，故事存在於人的靈魂深處，它是人與人根部互相聯繫的東西。[21] 作家每說一個故事都必須往靈魂(或者意識)的深處挖去，下降到心的黑暗底部。故事越大，下降得越深，地下的黑暗也就越重越暗。為了對抗黑暗中各種危險的、迷惑的東西，也為了從

---

[19] 〈運動、戒菸，還你健康一百年〉，https://kknews.cc/zh-tw/health/ooqxep.html（2018/08/02）

[20] 村上春樹著、賴明珠譯，《身為職業小說家》，台北：時報出版企業股份有限公司，2016 年，頁 308。

[21] 同上，頁 309。

黑暗的複雜洞窟裡尋得出路，作家必須要有強壯的身體和一顆「堅韌的心」。因此，每天規律跑步乃成為對抗黑暗力量的最佳武器。[22]

村上以跑步來「驅魔」，來「抖落寫小說時會糾纏上來的負面跡象」，應該是特有的村上作風。至少以《哈利波特》系列作品聞名於世的 J.K.羅琳（J. K. Rowling）身上，在創造魔法世界的黑暗力量時，並未聽聞她以何種方式來對抗她所製造出來的惡魔。總的來說，村上選擇跑步為終身運動的原因是多重的，跑步既支撐他所喜歡的工作，也符合他的個性；更重要的是在獨自跑步的沉思過程中，「寫小說的方法，很多是從每天早晨在路上跑步中學來的」。可見跑步中的沉思乃是創作的泉源之一。[23]

每天跑步，不是一件難事。但想要每天跑 10 公里，若無恆心與毅力是做不到的，遑論挑戰距離更長的馬拉松，甚至是超級馬拉松。[24] 而村上之所以引發

---

[22] 村上春樹著、賴明珠譯，《身為職業小說家》，台北：時報出版企業股份有限公司，2016 年，頁 113-116。

[23] 參閱：喬治席翰（George Sheehan）著、歐陽鳳譯，《我跑步，所以我存在》（Running & Being: The Total Experience），第 16 章〈沉思〉，同註 9。

[24] 馬拉松的標準距離為 42.195 公里，凡是超過此距離的概稱為超級馬拉松，一般是以 50 公里為超馬的最短距離；又或者是 12 小時以上的耐力賽也稱為超級馬拉松。

跑者讀者的共鳴，乃在他的馬拉松與超級馬拉松的經驗。

肆、村上與馬拉松

馬拉松是一項長距離的運動。從起跑線到終點線總長 42.195 公里，參賽者必須在主辦單位規定的時間內，無其他人代勞或協助，以及在規定的賽道上，獨立完成賽事。村上參加馬拉松的完賽成績大多在四小時以內，相對於德國馬拉松男性跑者平均 4 小時 29 分完賽，已經是相當好的表現。[25] 要完成馬拉松不是一件簡單的事，賽前必須要有長時間的充足準備與練習，比賽當日也要隨時應付突如其來的意外之事。

馬拉松的訓練有其固定模式，一般都在六個月左右，大致分為累積跑量期、速度與強度期，以及減量期。[26] 長跑適合村上的個性，就如同寫長篇小說是他的生命線一般。村上是一位長篇小說作家，因此有他自己的長篇小說寫作模式。村上的另一個身份是跑者，

---

[25] 德國馬拉松跑者平均完賽時間為 4 小時又 41 分鐘。Durchschnittliche Zeit Marathon, in: https://durchschnittliche.de/geschwindigkeit-mittelwerte/51-durchschnittliche-zeit-marathon

[26] Thomas Steffens und Martin Grüning, MARATHON – Die besten Programme, (Reinbeck bei Hamburg: Rowohlt Taschenbuch Verlag, 2001), pp.26-44.

他也有一套馬拉松訓練模式。這套訓練模式堪稱符合專家所建議的方法。但他的訓練模式卻沒有帶給他滿意的結果,「明明是先訂了這麼周密的計畫,又這麼耐心地練過了,卻落得這樣。」[27] 對於這個糟糕的結果,也就是完跑成績無法符合自己的期待,村上耿耿於懷。於是打破一年只跑一次馬拉松的原則,六個月後再度報名參加另一場馬拉松(波士頓馬拉松)。只是這一次的完賽成績與上一次無甚差別,心情鬱悶到連暢飲啤酒的樂趣都消失無蹤。

　　馬拉松的完賽成績無法再像以前一樣亮眼,大概只有一個原因可以解釋,也就是年紀大了。村上從1982 年開始跑步,那時他 33 歲。到了 2005 年 11 月參加紐約馬拉松,以及 2006 年四月的波士頓馬拉松時,村上先生已經 56 歲了。村上當時參加的 M55-59 歲組(共 924 人)的平均完賽成績為 4 小時 01 分。[28] 2016 年德國柏林馬拉松,56 歲組前百分之二十五的選手的平均完賽成績為 3 小時 49 分,後百分之七十五為 4 小時 41 分,56 歲組選手的中間值為 4 小時 10 分。[29] 其實村上的表現應該接近平均數值,但卻無法

---

[27] 村上春樹著、賴明珠譯,《關於跑步－我說的其實是…》,台北:時報出版企業股份有限公司,2008 年,頁 168。

[28] Boston marathon 2006, http://runnerstats.net/en/races/2006/united-states/boston-marathon-2006-id656 (2018/8/22)

[29] 40 歲組的平均成績為 3 小時 53 分,45 歲組為 3 小時 57 分,

令他滿意，只能說原因很單純，只是年紀大了，體力下降。

對馬拉松跑者來說，成績進步或維持在以前的水準當然是一件令人高興的事。然而，任誰也無法抵得住歲月車輪的前進力量，比較理想的做法是調整心態，就如村上跑完波士頓馬拉松的決定:「我可能還會不在乎地繼續跑。就算跑出更長的時間，我還是一定會以跑完全程馬拉松為目標。」這樣的決定可以當作馬拉松跑者的座右銘，這樣的決定也說出馬拉松跑者的共同心聲。跑馬拉松是一件苦差事，但「正因為苦，正因為自己甘願通過那樣的苦，至少在那過程中，我們才能找到一些自己正活著地確實感觸。」

伍、結語

為何村上春樹在世界上廣受愛戴？評論家內田樹（UCHIDA Tatsuru）認為，村上「並不是因為證明了『我知道並能體驗的事物，他人也知道並能體驗』這一點而獲得世界性。而是透過描述『我所不知道並無法體驗的事物，他人也不知道且無法體驗』這一點，

---

50 歲組則是 4 小時 3 分。Berlin Marathon - Zeitverteilung über dem Alter in den Disziplin Marathon und Halbmarathon, in: https://www.marathonstatistik.com/zeit-alter-berlin.html

才獲得了世界性。」[30] 這一個弔詭的悖論，常人無法體會。但就前一句來說，村上寫出一般人知道並能體驗，卻寫不出來的經驗。特別是村上的跑步手札，寫出絕大多數跑者在體驗馬拉松過程中的感覺與心情轉變。村上從事長距離跑步，正如同他創作長篇小說一般，都是自願追求孤絕，而且是「一件相當美好的事。不管別人怎麼說。」正是這種態度，讓村上的跑步手札成為馬拉松跑者心靈慰藉的經典，因為它徹底揭露潛藏在跑者心靈深處的情愫。

陸、參考文獻

1. 林少華著，《為了靈魂的自由－村上春樹的文學世界》，香港：天地圖書有限公司，2014。

2. 內田樹著；楊偉、蔣葳譯，《當心村上春樹》，台北：時報文化出版企業股份有限公司，2009。

3. 村上春樹著、賴明珠譯，《村上收音機》，台北：時報出版企業股份有限公司，2002。

4. 村上春樹著、賴明珠譯，《關於跑步－我說的其實是…》，台北：時報出版企業股份有限公司，2008。

---

[30] 內田樹著；楊偉、蔣葳譯，《當心村上春樹》，台北：時報文化出版企業股份有限公司，2009 年，頁 180-181。

5. 村上春樹著、賴明珠譯，《終於悲哀的外國語》，台北：時報出版企業股份有限公司，2012。

6. 村上春樹著、賴明珠譯，《身為職業小說家》，台北：時報出版企業股份有限公司，2016。

7. 余華著，《沒有一條道路是重複的》，北京：作家出版社，2017。

8. 克里斯多福麥杜格（Christopher McDougall）著、王亦穹譯，《天生就會跑》（Born to Run），新店：木馬文化事業有限股份公司，2010 年。

9. 亞德哈羅南德芬恩（Adharanand Finn）著、游淑峰譯，《跑者之道－一趟追索日本跑步文化的旅程》，台北：時報出版企業股份有限公司，2016。

10. 洋泉社著、張竹聿譯，《村上春上的文學迷宮－1979~2010 三十年作品全解說》，台北：八方出版有限股份公司，2012。

11. 為末大（Dai Tamesue）著、陳惠莉譯，《邊跑邊思考》，台北：天下雜誌股份有限公司，2014。

12. 馬克羅蘭茲（Mark Rowlands）著、肖聿譯，《跑著思考－人、狗、意義和死亡》，北京：中國人民大學出版社，2018。

13. 喬治席翰（George Sheehan）著、歐陽鳳譯，《我跑步，所以我存在》（Runnung & Being），台北：遠流出版事業有限公司，2016。

14. 黑古一夫著、秦剛和王海藍譯，《村上春樹－轉換中的迷失》，北京：中國廣播電視出版社，2008。

國家圖書館出版品預行編目資料

跑在大腳丫的那些日子／吳萬寶　著—初版—
臺中市：天空數位圖書　2024.01
面：14.8*21 公分
ISBN：978-626-7161-88-3（平裝）
1.CST：馬拉松賽跑
528.9468　　　　　　　　　　　　113000709

書　　　名：跑在大腳丫的那些日子
發 行 人：蔡輝振
出 版 者：天空數位圖書有限公司
作　　　者：吳萬寶
美工設計：設計組
版面編輯：採編組
出版日期：2024 年 1 月（初版）
銀行名稱：合作金庫銀行南台中分行
銀行帳戶：天空數位圖書有限公司
銀行帳號：006－1070717811498
郵政帳戶：天空數位圖書有限公司
劃撥帳號：22670142
定　　　價：新台幣 550 元整
電子書發明專利第　Ｉ　306564　號

※如有缺頁、破損等請寄回更換　　版權所有請勿仿製

服務項目：個人著作、學位論文、學報期刊等出版印刷及DVD製作
影片拍攝、網站建置與代管、系統資料庫設計、個人企業形象包裝與行銷
影音教學與技能檢定系統建置、多媒體設計、電子書製作及客製化等
TEL　：(04)22623893　　　　MOB：0900602919
FAX　：(04)22623863
E-mail：familysky@familysky.com.tw
Https://www.familysky.com.tw/
地　址：台中市南區忠明南路 787 號 30 樓國王大樓
No.787-30, Zhongming S. Rd., South District, Taichung City 402, Taiwan (R.O.C.)